钟桂松 著

钱君匋画传

QIAN JUNTAO HUAZHUAN

浙江大学出版社
ZHEJIANG UNIVERSITY PRESS

图书在版编目（ＣＩＰ）数据

钱君匋画传 ／ 钟桂松著. —杭州：浙江大学出版社，2012. 4

ISBN 978-7-308-09883-0

Ⅰ．①钱…　Ⅱ．①钟…　Ⅲ．①钱君匋（1907～1998）
–传记–画传　Ⅳ．①K825. 72-64

中国版本图书馆CIP数据核字（2012）第065716号

钱君匋画传

钟桂松　著

责任编辑	张颖琪　孙海荣	
封面设计	林　智	
出版发行	浙江大学出版社	
	（杭州天目山路148号　邮政编码：310007）	
	（网址：http://www.zjupress.com）	
排　　版	杭州林智广告有限公司	
印　　刷	浙江印刷集团有限公司	
开　　本	710mm×1000mm　1/16	
印　　张	13	
字　　数	200千	
版 印 次	2012年4月第1版　2012年4月第1次印刷	
书　　号	ISBN 978-7-308-09883-0	
定　　价	68.00元	

目 录

一、纸上风景与钱家

如果今天走进浙江北部杭嘉湖平原的桐乡市屠甸镇，无论如何想象不出，这么一个貌不惊人的小镇，竟然会在20世纪出一个集篆刻、绘画、书法、文学、音乐以及出版为一体的艺术大师？而且他一生与屠甸镇这个生他养他的故乡没有割断过，童少年时代自不必

屠甸旧街景

钱君匋带客人回老宅，指指点点，往事历历在目；对老家情深意浓

说，青年学艺在这里得到启蒙，革命年代也曾有过激情，抗日战争时期曾回老家避风，新中国建立后，在故里送终父母，晚年更是与故里息息相关。叶落归根的古训，让一代艺术大师从故里起步，在上海辉煌，回归故里的荣耀与晚霞，这就是一代艺术大师钱君匋一生的真实写照。

屠甸镇市河旧貌

钱君匋1907年2月12日生于浙江桐乡县的屠甸镇上一个亦医亦商的家庭里，这是一个普通小镇上的一个平常的家庭。

先说这个普通的小镇。笔者曾收集到以前，即1960年往前推几十年的那个历史时段里屠甸镇风貌的照片，这是一个破旧，不卫生，小河当垃圾箱的年代里的小镇形象，水阁岌岌可危，临水的开窗有些零落，有些似乎用绳子绑着，不让风吹去。其实，这些现象都是那个年代的普遍现象，因为穷，才显得脏。像钱君匋故里屠甸镇这样的小镇，在嘉湖一隅水乡也真是再平常不过了，比它大的或者与它一般规模的，在屠甸镇所在的县里，还有不少，比如梧桐镇、乌镇镇、崇福镇，都比屠甸镇的规模大，而洲泉镇、濮院镇都与它相仿，而大麻镇、炉头镇、高桥镇、骑塘镇等等这些小镇，与屠甸镇都可以平起平坐。而且，镇的历史也都十分悠久，均有上百年乃至千年的历史，屠甸镇也不例外，但是，屠甸的历史文献保存下来不多，也证明屠甸历史上千百年来还没有出现过一个称为"大师"、"大家"一级的人物，因为这种小镇是以姓氏繁荣的村落衍变发展起来，古时城郭外面称郊，郊外称甸，当时这个地方屠姓居民为多，离城较远，所以称屠甸。但是，因为这个地方土地肥沃，水丰草茂，千百年来积淀下的遗

寂照寺遗存

钱君匋在工作

存，唯一可观的是所谓的十景，今天我们倒不妨走进历史的岁月里，去看一看这风清月白的纸上风景。

一是寂照晚钟。寂照寺是屠甸镇上的一座古刹，寺内有钟楼，悬挂巨大铁钟，重逾千斤，每天早晚寺里僧人鸣钟，钟声悠远，传达数里。钱君匋小时候这口大钟大概还在，常常每天听到寂照寺钟声。在他四十多岁人到中年时，钱君匋带着许些怀旧也带着许些奋进的惆怅，刻了一方巨印《钟声送尽流光》，边款上刻着当时自己的心情："余幼居屠甸寂照寺西，昕夕必闻寺钟，……"可见钟声对这位传奇式的艺术大师印象之深。

钱君匋夫妇坐在水乡的挂机船回故乡

钱君匋在这里度过他的童少年时代

二是龙潭跃鲤。在寂照寺东北角上，有龙潭漾，漾内有潭深数丈，据说有暗泉，所以1934年嘉湖大旱，此龙潭漾不涸。据说漾里有鲤鱼常聚水面，雨后初晴，群鲤跳跃，夕阳返照，鳞闪金光，所以定此景为龙潭跃鲤。

三是拱枢沐月。拱枢是桥名，在市河南岸，桥两侧有石栏，望柱四立，柱顶雕石狮，月夜倒影，宛如月沐水中。

四是泾桥夜泊。泾桥即寂照寺桥，古时来寂照寺烧香船只大都在此夜泊。所以，月夜伫立桥头，市河里灯火点点，钟声传来，几疑置身于寒山，故仿称"泾桥夜泊"。

五是旱桥残雪。这个景点在洪沐桥西南，桥不大却别有情致。

六是顾送折柳。位于屠甸西南，有桥名顾送桥，桥边垂柳依依。旧时乡人送客至此，临别依依，折柳相送，别有情调。

七是斜港帆影。其景点在古镇西边，斜港是东南西北向，与长水塘相连，港阔桥疏，帆影点点，极有情趣。

八是竺林松涛。竺林庙在镇西多福桥西，庙内有通往石泾河边的石径，两旁松树高耸，浓荫蔽日，风过处涛声不绝。

九是松林望塔。松岭十字漾西有松岭桥，登桥远眺，可见海宁硖石山上的宝塔。

钱君匋与百岁画家岳石尘在君匋艺术院

新罗山人作

十是院基怀古。院基是宋末元初"白社书院"的旧址，位于屠甸镇东南，为南宋末年江南学者卫富益所创，宋亡后他在此创立书院过隐居生活。

屠甸镇上这些充满历史沧桑的纸上风景，也反映这个平常小镇的历史文化，据当地方志说：这个小镇到清初才成市镇。加上历代战乱，小镇发展始终缓慢，一条称为石泾塘的市河，由西向东流去，河边有水阁，有小街但十分狭小，店舍也十分零乱简陋。在钱君匋出生时，镇上只有一些卖手工制品的日杂商店和茶室，而当时最新开的时尚的邮政所，却与钱家有点关系。新版《桐乡县志》谈到屠甸时这样描述："屠甸于清初始成市镇。……民国时期，镇上有多家竹、木、铁器店铺，多为前店后作坊，多为自产自销。至抗战前有铁器店20余家，工人约百余人。"所以，这么一个历史并不悠久，有点文化，商业并

钱君匋父亲
（钱希林）

钱君匋母亲
（程雪珍）

不发达，作坊里即使如县志里挂一漏万的说法，事实上也是锻打点农业生产用具而已，没有多少科技含量。在钱君匋童少年时代，这个小镇的商业似乎也在缓慢进步，开始有了邮政所，有了酿酒业，记得钱君匋生前曾说过自己小时候的一件事，说当年他与几个小伙伴去玩，在酿酒作坊里喝尚未成酒的酒，结果大家都醉倒了酒缸边上，直到大人们寻找到这里才发现。钱君匋当时说到这件趣事时，似乎有点自豪，后来自己有点酒量与小时候在老家这次酩酊大醉有点关系。钱君匋的酒量后来在开明书店时有了新的高度，当时开明同仁叶圣陶他们一帮朋友每周有聚餐，但参加这个聚餐有一个条件，就是每人必须一顿能喝五斤绍兴黄酒。钱君匋一餐只能喝三斤，是破格吸收进来的！自然，这是后话。

思源堂

　　小镇屠甸虽然历史并不久远，但小镇上的钱家，却有着悠久的历史，相传，钱君匋的祖上是五代十国时期吴越王钱镠的后裔，如果认祖归宗，钱君匋祖上当过皇帝。所以，钱君匋祖上并不简单。不过，这种纸上荣耀在千百年之后，已经当不得真了。

　　钱家迁居屠甸小镇的时间并不长，他们原来世代居住在另外一个小镇——路仲镇，这个路仲镇属海宁县管辖，在明末清初似乎比屠甸镇富裕一些，所以到19世纪，世居路仲的钱君匋祖父钱半耕就迁居屠甸，另辟蹊径，重新开创家业，钱半耕是一位很有威望的中医，晚年在屠甸镇上也算得上德高望重。钱半耕当中医，也算是知识分子，岐黄传世，既是一门吃饭手艺，又是一门文化。因此，可以想见，当年钱君匋祖父在屠甸小镇上应该是个有头有脸的人物了。钱君匋的父亲钱希林读过私塾之后，就随父亲学习中医，但学习中医谈何容易，中医的博大精深，没有三五年的钻研和师傅传授是无法接手诊治病人的。所以，常规来说，学习中医首先要有习中医的秉性，即有耐心、有毅力又能坐得住、学得进。但钱君匋的父亲钱希林在清末维新运动这种风起云涌的时代氛围里，已经没有了其父钱半耕的那种耐心，他觉得饭碗不只是中医一只，有多条路可以走。于是，他看到进镇的人逐年在增加但镇上的服务设施却没有添什么时，他就开个饭店，让进

今日屠甸镇

在屠甸与乡亲在一起

镇来办事的人有个吃饭喝酒的地方，生意竟然不比开中医诊所差。钱希林头脑十分活络，开饭店，自己也能烧得一手好菜，可谓心灵手巧。钱君匋小时候吃过父亲烧的各种各样的菜，直到晚年还记忆犹新，他说："我父亲烧得一手好菜，我自幼尝尽了各种美味，如'清蒸河鳗'和'红烧河鳗'两种，当盛入青花瓷盆中，每一段河鳗都是直立的，排得整整齐齐，端上桌来，香气四溢，其味清腴鲜嫩，入口即化，无与伦比，其形可说是一幅大画家塞尚的静物画。我在别的地方从来没有尝到过这种高烹调技术做成的名菜。"但钱希林没有成为烹饪大师，他的头脑太活络了，发现小镇上缺什么他就去经营什么，有什么时兴的东西，钱希林都去尝试，在这个小镇上他成为一个商业上的活跃分子。据说他开过饭店之后，又开过杂货店、商行，收购过本地的畜产品——湖羊皮、狗皮、黄鼠狼皮，甚至还收购羊毛、鸡毛、鸭毛，似乎相当于后来镇上供销社的全部行当。钱希林对新事物的兴趣养成了他始终敢为人先的行事风格。1903年（光绪二十九年）3月，海宁县的硖石镇在南小街北首开办了邮政局，隔了两年后，屠甸附近的长安镇也开设邮政代办所。钱希林见屠甸镇上还没有这种新式的通信机构，便与硖石镇上的邮局联系，于1906年在屠甸开设了邮政代办所。钱希林的这种创新和敢为人先的精神，后来给钱君匋潜移默化的影响非常大。钱君匋母亲程雪珍勤劳而又心灵手巧，持家有方。有时她还凭借自己的特长做些纸花出售，补贴家用。总之，钱君匋的童少年时代，就生活在这样的小镇、这样的人家。但无论怎样去搜索，这样的小镇、这样的人家，在20世纪初，真的看不出半点能出艺术大师的迹象！

但历史就这样，浙江屠甸镇钱家就诞生了一位集篆刻、绘画、书法、文学、音乐、收藏及出版于一身的艺术大师。

黄胄作

二、恒心与小有的脾气

钱君匋小时候的故事，在艺术界传得不少，大部分是他向人家回忆的，这些口述回忆的往事，与钱君匋后来的传奇经历、性格养成、艺术成就颇有渊源关系。

钱君匋在读小学之前，和一般孩子一样，聪明、好动、淘气；但也有不一样的地方，他对绘画、书法、工艺、音乐等有着异于常人的敏感和喜欢。据说三四岁时，小小钱君匋就用炭粒在人家白墙上乱涂乱画，狗、猪等成为他人生的最初画作。大概在他五岁那年，钱希林就背了一把椅子，送钱君匋到镇上陈家阁的私塾里，让他接受启蒙教育。在私塾里的钱君匋除了每天吟诵《百家姓》、《千字文》、《三字经》外，几乎单调得让

钱君匋与朱屺瞻先生在一起

小小钱君匋厌烦。于是，钱君匋把注意力转移到自己的兴趣上，他开始在一种叫"花摺子"上画画。当时，屠甸镇上有个老画家叫朱梦仙，善花鸟尤善画蝴蝶，人称"朱蝴蝶"。钱君匋幼年时，常常在朱梦仙家的厅堂南檐下，站在画桌边上，看朱老先生在"花摺子"上绘画，每每看得入迷。1932年冬天，钱君匋回忆幼年的"艺术生活"时说：

> 某天，梦仙君在他家的古旧的厅堂南檐下，凑着温和的春日，正在描着《三国志》中的诸葛亮、赵云、刘备、张飞、关羽、曹操等人的戏装。我痴立在旁边，看他徐缓地、谨慎地一笔一笔地描成了将军的盔，又在盔下描出了将军的威武的脸，或者是生须的，鼻子以下便描上一簇黑或白的美丽的胡须，又描甲，以及刀、剑、枪戟、令箭、令旗之类，再在各种小碟中，蘸了红红绿绿的洋颜色来敷到盔甲等处，于是便成了一幅使那时的我佩服到一百二十分的杰作。他的画，我每日去上学就可以顺便看见。

这是钱君匋在25岁时对自己孩提时代的回忆，应该说是准确的。所以从某种意义说，朱梦仙老先生是一代艺术大师钱君匋的绘画启蒙老师，朱梦仙绘画时那种专注神情和一丝不苟的谨慎，深深地烙印在幼年钱君匋的脑海里，给他留下了深刻印象。在朱梦仙的影响下，小小年纪的钱君匋去买来"洋红、洋绿、摺子"，在塾师午睡时，拼命地模仿着画。痴迷于画画的钱君匋对枯燥乏味的《千家诗》等置于脑后了，以致不能当堂背诵功课被私塾老师惩罚，打了十下手心。此时，倔强的钱君匋发起小牛脾气，一气之下撸掉塾师讲桌上的砚台，把塾师的旱烟袋丢到室外。从此离开私塾。他对这次挨塾师打手心以及自己爆发反抗的脾气直到咸人以后仍记忆犹新：

有一次，我正在画"花摺子"，不提防让塾师撞见了，被打了十下手心，下谕下次不准再描。同时，那天的《千家诗》就背诵不出，塾师更是怒火难抑，又痛罚了我数十下手心。我于是起来反抗，把塾师的朱砚撸到地下，旱烟袋抛出窗外。结果，我父亲便来把我读书时坐的那张自己家中拿来的椅子叫人搬了回去。我不再来塾攻读了。

然而，江山易改，禀性难移。钱君匋经历过与塾师的抗争，对绘画的兴趣并没有减弱，那些让人难以忘怀的图画一直在钱君匋脑海里盘旋。所以，塾师的训斥与体罚并没有让钱君匋退缩。

钱君匋的老师徐菊庵的仕女画

与王映霞女士叙晤

但是钱君匋他不长塾师教训这记性！依然痴情于绘画、写字。

不去私塾听课了，钱希林把儿子钱君匋送进设在镇上寂照寺方丈室的石泾小学。作为新式学校，石泾小学里是不禁止画画的，不光不禁止还奖励学生画画，而且课本里也有五彩插图。这些，让钱君匋十分兴奋，有一种"因祸得福"之意。他说：

> 出塾之后，翌日便进区立石泾初等小学（无须入学试验，可以随时入学），所读的是《共和国国文教科书》第六册，记得其中有插图，而且有五彩的鸟类的插图。那时的乡人都说这是"洋书"，在塾中读的是"本国书"。我读了洋书之后，对于绘画又得了一个进步，学会了画鸟。但先前往往会把小鸟画成老母鸡似的东西，或竟像一只四角菱，这时以后画鸟，总有些像鸟了。学校里对于图画是不加禁止的，而且提倡的，我亲近绘画的机会也就随之而增多了。

赵之谦作

在石泾小学读了没有多久，学校改名崇道小学，并且校舍搬到寺桥南东侧，但钱君匋的兴趣与恒心没有变。除了对绘画兴趣依然浓烈之外，对书法兴趣也日愈浓厚。崇道小学里的描红习字课勾起了钱君匋习字的兴趣，他的描红成绩一直为全班之冠，教描红的老师常常在学生面前对钱君匋的描红习字赞不绝口，使钱君匋对习字一科愈加勤奋，据说当初钱君匋为了保持这个描红"冠军"，连寒暑假里自己还在不停地练习。显然，童少年时代老师的奖掖对一个孩子来说，可以直接影响其一生。如果当年钱君匋的描红作业本还在这个世界

钱君匋作

上的话，肯定可以看到老师精彩的评语和温暖、激励童心的话语。如果，小学老师和塾师一样，呵斥钱君匋画画习字，那么，这个天才恐怕在萌芽状态就夭折了。

钱君匋一点一滴的进步，与他天性中的恒心分不开。他对艺术的恒心仿佛与生俱来，他描红描得全班第一，后来进一步，写影版，依然是全班之冠。钱君匋的痴迷程度可以用废寝忘食来形容，下课了，放学了，他的心依然被绘画和书法所吸引。当时崇道小学长廊边的矮砖墙，成了钱君匋课余练字的好去处，矮砖墙上面是一层方砖铺成，钱君匋就找一把小棕帚，蘸着清水，在方砖上写大字，依次写过去，写到最后一块方砖时，前面的方砖上的水迹已经干掉了，又可重新蘸水写起来。他这样循环反复地练，在崇道小学传为佳话。当时小学老师钱作民看了钱君匋在方砖上写大字，便鼓励他说："好，好！你小小年纪就写擘窠大字，很好。但是不应当满足，要多写多练。会练成一手好字的。不过，光练大字还不够，还要练蝇头小楷。小楷将来应

用的机会更多。"

钱作民并不是书法家，但是一个优秀的小学教育家，他善于发现学生的个性和特长，善于用切实的眼光教育学生，让孩子铭记一辈子。钱作民还善于表扬鼓励，让稍有成绩的学生愈加奋发。钱君匋曾回忆说："钱老师和丰子恺老师是好友，思想进步，重视孩子们的个性的发展。他说：'你们喜欢临什么帖，可以自由选择，我不强求你们千篇一律，但是一定要用功，把字练好。这样，日后找到工作，人家看不出你的深浅；否则，纵有一肚皮学问，因为字写得差，往往被人轻视，甚至找不到工作。'"钱作民在要求学生用功的时候，不忘讲述社会世态，让钱君匋这些学生留下了深刻的印象。钱君匋还记得，钱作民老师的每次表扬，都"说得我心花怒放"，给钱君匋的激励是显而易见的。其实，这种激励对童少年身心健康向上是极为重要的。因为有了这些激励，才有这些学生中有成大器的可能，当年钱君匋这样，当年的钱君匋同乡、文学巨匠茅盾也这样，小学老师看了茅盾的作文，抚着他的背，当面激励他："你将来是个了不起的文学家

在嘉兴南湖

呢，好好用功吧。"在茅盾的小学作文中，充满了老师的褒奖激励之词，也曾让少年茅盾心花怒放。不过，茅盾的故事比钱君匋早上几年。钱君匋晚年仍满怀感激地说："我知道自己是个很平凡的人。今天有点小名气，是和几位前辈的教诲分不开的。特别让我怀念的，就是我的启蒙老师钱作民……"

钱作民老师在幼小的钱君匋心里留下了如此深刻的印象，其实并不仅仅是激励钱君匋写字画画，在钱君匋的成长道路上，钱作民老师是最早的伯乐，钱君匋在初小三年级时，学习成绩优异，钱作民老师作主，让钱君匋跳级，跳过四年级，直接读五年级，即镇上俗称高小一年级，而且为了在县里教育局能够通过，钱作民只好"作弊"，"瞒天过海"，将钱君匋的本名"钱玉棠"改为"钱锦堂"——后来"钱君匋"的名字也是由乡音"钱锦堂"谐音而来，这对家庭负担日渐沉重的境况下，是莫大的支持和关心，钱君匋自然是铭记一生的。同时，还有，高小毕业后，钱君匋失学了，家里拮据得无力供他去嘉兴上中学，钱作民又看在眼里，急在心里。而此时钱君匋后面的两个弟弟、一个妹妹也正在长身体的年纪，作为长子的钱君匋只好辍学去离屠甸小镇几里路外的桃园头小学当代课教师。这不是钱君匋的所愿，是生活所迫，钱君匋尝到了踏上社会生活艰辛的味道了。

但这种生活艰辛并没有消弭钱君匋强烈的求知欲，他没有就此沉

吴昌硕先生曾对年轻的钱君匋说："刻个十几二十年会老辣起来的。刻下去好了"岂料钱君匋一刻刻了一辈子，图为钱君匋八十岁那年刻印的情景

沦下去。小学毕业的钱君匋教一个村的小学，居然非常胜任，胜任到让县教育部门对钱君匋的教学水平给予好评。可有一件事，让初出茅庐的钱君匋感到社会的不公平以及社会上的肮脏。所以，一门心思练字画画，对艺术有着特殊敏感的钱君匋，后来有着所有热血青年一样的革命冲动，以至几十年之后还为此付出一个不小的代价。

赵之谦作

三、曾经的革命

俗话说，冤有头，债有主，"革命"、"造反"，这些让年轻人热血沸腾的名词，在一代艺术大师钱君匋的年轻时期，也同样热血沸腾过，并且有板有眼地造过反、闹过革命。不过，这些革命行动都发生在钱君匋在故乡的那些日子。

1921年中国共产党在上海、嘉兴秘密成立，中国的历史悄悄地掀开新的一页。不过小镇屠甸似乎还感觉不到有什么异常，后来已是中共一分子的沈雁冰等人曾来崇道小学演讲。1922年7月，小学毕业的钱君匋因家庭拮据，只好辍学去镇郊桃园头的农村小学教书。钱君匋在桃园头小学干得挺顺手，年纪不过十六七岁的钱君匋对教学工作与艺术追求一样，十分投入。所以，一个多月下来，原来乱哄哄的村小学调教得有模有样，得到县教育主管部门的肯定和好评。因为过去的村小学，一个学校只有一个教师，而要教

赵之谦作

徐渭作

的是复式，算得上十分辛苦，但是钱君匋闯过来了，不出数月，几十个学生竟服了大他们没有几岁的"钱先生"。当时，钱君匋去桃园头时，去就去了，没有去考虑一个月可以拿多少钱。不过后来他知道，这个桃园头小学是归屠甸镇学务委员会管理，从而钱君匋这个"民办"教师的薪水由屠甸镇学务委员会发放，按县教育局的规定，钱君匋教书的月薪是10元，但屠甸镇学务委员陈耐安看钱君匋年轻，侵吞了4元，对钱君匋说，只有6元。但是，这种谎言古今中外都一样，纸是包不住火的，没有几个月，钱君匋就知道了这件事。然而，此时的钱君匋太年轻了，他只有恨，只有气愤，他这么用功努力工作并且取得不俗业绩，竟然得到如此待遇。他找到陈耐安评理。自然，陈耐安的强词夺理和花言巧语，年轻的钱君匋不是陈耐安对手。不过倔强的钱君匋一个学期结束后就愤然辞职，以示抗议。但同时也记下了陈耐安不道德的一笔账。

在福建泉州开元寺石塔前留影。前排左三为钱君匋

　　话说回来，如果当初陈耐安不侵吞钱君匋一个月4元的薪水，并且鼓励钱君匋的教育态度和教学水平，恐怕在屠甸镇上多了一位年轻教师，而中国则少一位艺术大师。当然，这种假设没有一点"侵吞贪污别人薪水有理"的意思，而仅仅是一种假设。

　　钱君匋愤而辞去小学教师后，在钱作民老师的推荐下，借了200元作学费，免试插班上海专科师范学校，专攻国画和音乐。但是，几年前的中国共产党成立的影响，几年后真的波及了屠甸这个小镇，已在社会上工作几年的钱君匋回到老家屠甸时，已是1926年的秋末了。此时，中国社会革命风潮正是汹涌澎湃的时期，钱君匋的家乡也已经有了中共党组织。所以，像钱君匋这样在外面做事的知识分子，一回到屠甸小镇立刻被中共组织所关注，1927年的春节过后，钱君匋的表弟詹醒民就来找钱君匋，希望钱君匋与他们一起闹革命，打倒土豪劣绅陈耐安。詹醒民此时已经是中共党员。但此时还是国共合作时期，所以詹醒民同时也是国民党员。要参加革命队伍，钱君匋还被邀请参加国民党，年轻的钱君匋还没有弄清国民党是怎么回事，国民党的党

证已发到钱君匋手上了。在中国国民党（"左"派）屠甸区党部里，年轻的钱君匋被推选为屠甸区党部监察委员，直到钱君匋晚年，闹革命，打土豪劣绅陈耐安的情景依然历历在目：

> 打土豪劣绅陈耐安的时候，陆行素也参加，还有柏吟仙、谢养园以及陈九珠、陈全珠、张素娥（女）等数十人。那天发动打陈耐安，我们大队人马从前门打进去，占领了第一、二两进屋子，由于我们没有经验，没有四面包围，陈耐安见势不妙，便被他悄悄地从后门溜走，因此没有被我们捉住。待我们进入后面的几进房屋，因为来不及逃走，还残留着陈耐安家的一些妇女，都不是陈家的主要人物，我们也就不去管她们了。第二进房屋是一个楼厅，我们便把它们作为中国国民党（"左"派）屠甸区党部的办公场所，楼上的雕花红木大床，大家都上去睡一睡，滚一滚，大厅的屏门上用蓝漆作底，用白漆写上了《建国大纲》，由我设计，大家动手来写。当时，我们打土豪劣绅的行动，社会上一小撮和陈耐安有关的人都咒骂我们做得太绝、太过火了。中立的人则不声不响看热闹。同情支持我们的人，亦即曾被这些土豪劣绅欺压过的穷苦市民，无不拍手称快，大声叫好，这样的人占着大多数。

钱君匋的这个回忆，是一幅典型的1927年革命图景，和毛泽东同志对那时革

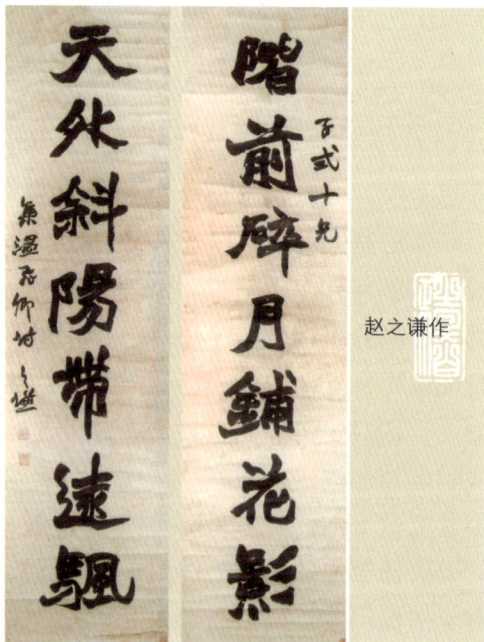

赵之谦作

钱君匋与母亲、夫人
摄于杭州刘庄。

命的描述十分相似。毛泽东在《湖南农民运动考察报告》中曾描述："反对农会的土豪劣绅的家里，一群人拥进去，杀猪出谷。土豪劣绅的小姐少奶奶的牙床上，也可以踏上去滚一滚。"钱君匋和他那些年轻乡亲的革命，情景何乃相似！按照毛泽东同志分析，这样的革命是"由大的革命热潮鼓动出来的力量所造成的"。此时的钱君匋已经与沈雁冰、郑明德、梁闰放等共产党人有接触。所以，当时北洋军一个支队路过屠甸时，被钱君匋的"同志"詹醒民、陆行素等智擒北洋军的散兵，钱君匋目睹詹醒民等共产党员智擒北洋军后的胜利场面，让钱君匋这位20岁的青年热血沸腾。

但是，钱君匋的回忆建立国民党屠甸镇党部一事，笔者查阅了新版《桐乡县志》，似乎没有屠甸区党部的记载，县志只有如下记载：

民国16年（1927）2月，北伐军攻克杭州，国民党在浙江各县的组织随即公开，并迅速发展。浙江省党部驻沪办事处派郑德明、萧觉先等至桐乡，组建国民党桐乡县党部筹备委员会，下设组织、宣传、农民、妇女四部，并设立城区、濮院、青镇、日晖、长生桥、石湾6个区党部。在国共合作的形势下，在县党部筹备委员会中，有多人是共产党员，他们是以个人身份参加国民党的。

水儒窠石 曲江外史

金冬心作

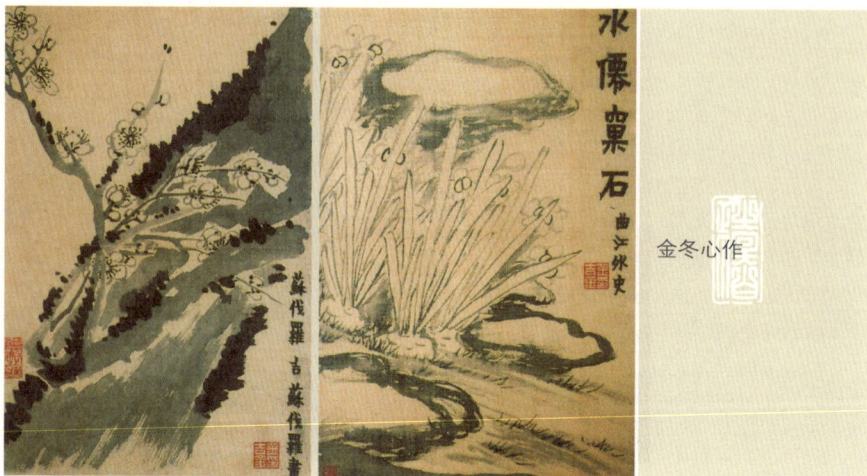

　　这个记载，在"四一二"反革命政变之前，桐乡县没有屠甸区党部的记载。那么，钱君匋的回忆究竟是不是准确？当时屠甸镇上到底有没有国民党区党部？于是，笔者进一步查证，终于在当地史料中查到，原来，当时屠甸镇区党部是归属嘉兴县党部所辖的，所以国民党桐乡史料上没有记载。钱君匋1927年国共合作时期加入过国民党以及屠甸区党部，显然是不争的事实。钱君匋说：

　　在打陈耐安之前，先组织了中国国民党（"左"派）屠甸区党部，其会场是借用寂照寺的方丈室，在成员中推选委员会和工作人员，都经过举手表决，我被推选为桐乡县屠甸区党部监察委员，不久颁发了一张党证，上面还写明我的职务，这张党证留在屠甸老家。"八一三"抗战突起，屠甸被日本侵略军占领，我家的

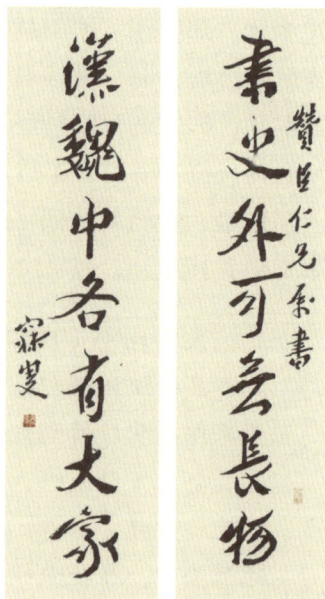

沈寐叟作

财物书籍全部被敌兵、汉奸抄走,这张党证也就遗失了。"

钱君匋的回忆,可以说明当时地方国民党组织的活动还是十分认真的。据有记录的资料显示,到1946年2月止,桐乡县的国民党党员人数只有535名,并没有泛滥。到1947年3月止,桐乡全县一年间共新增国民党员5名,总数为540名。因此,1927年的历史场景里,人们对党的意识是非常强烈的,相信钱君匋关于加入国民党的记忆是准确的。然而,这种形式上的加入国民党的往事,在钱君匋的记忆里颇有悲喜剧意味,晚年曾回忆"文化大革命"中的遭遇,他用调侃的口吻回忆道:

钱君匋摄于1940年

"文化大革命"中,由于我的思想水平不高,认为参加国民党是不体面的,而且相距时间已有半个世纪之久,一道参加的人我以为都已死光,所以在写检查时我就隐瞒了这件事。不料,还健在的住在硖石的柏吟仙交代他参加过当时的国民党,同时说我也在当时一起参加的,而且是负责人之一。为了这件事,于是故乡派人来上海到我的出版社外调,我才不得已,只好承认有这回事,于是又被大大地批斗了一段时间,把反动党团成员的帽子加在我头上,加重了惩罚性的劳动。

钱君匋的这个回忆,多少有些让人忍俊不禁。一代艺术大师在"文化大革命"的痛苦经历在自己的笔下变得如此幽默,变得如此轻松!

如果当时钱君匋与表弟詹醒民等一道走进

吴昌硕作

陈老莲作

革命队伍，后面的故事都将重写。因为，詹醒民在上海"五卅"运动后加入国民党（"左"派），年底加共产党。此后，离开上海，受中共党组织的指派，活动于沪、杭及安吉、桐乡一带。后来"四一二"蒋介石背叛革命后，詹醒民去杭州县委工作，不久又秘密回屠甸发展沈素达、方存灏为中共党员并建立中共屠甸支部，1928年8月，詹醒民受中共浙江省委委托，去永康指导农民运动，同年冬，调任海宁县委书记，1929年5月初在杭州被捕，1930年8月27日慷慨就义。詹醒民比钱君匋小一岁，生于1908年。所以，假如钱君匋从屠甸开始的革命激情澎湃起来，走上与詹醒民同样的革命道路，或许在中国现代革命史上千千万万的先烈中多了一位钱君匋，或许1927年投身革命，经过二万五千里长征，延安熏陶，新中国建立后再逐渐走上革命建设的领导岗位，千千万万的干部队伍中多了一位革命领导干部，自然那是最最幸运的人儿了。当然这种"幸运"在新中国建立后能否在历次政治运动中"幸运",也就难说了,因为像杭嘉湖平原上屠甸这样一个名不见经传的小镇上,20世纪前半叶,出一个正儿八经经过长征的革命家,恐怕难以让人置信。因为,毕竟这里不是革命摇篮,也不是革命圣地。自然,这种假设虽然是假设,但也不是空穴来风,天才艺术家因为激情不是信仰投入革命而早殁的例子,在革命史上还是在艺术史上,不乏先例。

其实,回过来想一想,这也正是所谓的命运,一代艺术大师的激情岁月里,革命一场之后,虽然内心是向往革命的,他积极参与也积极谋划,但毕竟钱君匋是一个艺术大师的人物,他1927年在故乡闹革命的两个细节,注定他是无法与表弟詹醒民共生死的,也同样注定他的艺术天才终有成大器的一天。一是在打劣绅陈耐安时,冲进陈宅,在一片口号声和革命气氛里,钱君匋竟然在大厅的屏门精心设计蓝底白漆写《建国大纲》,似乎有点类似后来的"版式"设计;第二个细节是詹醒民他们担心钱君匋在屠甸镇上碰到北洋军有意外,让他去镇郊曹家浜避一避,此时去避一避的钱君匋竟然带了一把小提琴!这两个细节在当时的情景里都是匪夷所思的,但却都是真真切切地发生在青年钱君匋的身上,这也不能不让人联想起钱君匋一生的巨大艺术成就。

回故乡时,总要合影留念

就在革命高潮过后，已在中共组织内的詹醒民就在党组织的安排下转入地下后，钱君匋却没有转入地下——他还没有资格呢，他在同学沈秉廉的介绍下，在杭州私立浙江艺术专门学校找了一份工作，当图案教师。从此，革命一场很快成为钱君匋自己的个人记忆，而钱君匋此后的艺术之路，似乎从此踏上颇为顺利的台阶。

钱君匋与詹醒民本来亲戚关系，在革命斗争中又结下了深厚情谊，詹醒民牺牲后，钱君匋曾将其妹接到上海，进神州国光社编辑部当校对，后来，詹醒民的妹妹结婚后不幸煤气中毒而在上海去世。钱君匋曾在1982年8月22日下午回忆詹家革命的遭遇时说：

> 詹醒民牺牲不久，他的祖父也接着去世了，只剩下他的母亲和妹妹玉纹，他母亲听到儿子被害的消息，心中无比的悲痛。后来玉纹跟我到上海工作，醒民的母亲没有几年也就去世了。醒民的一家除了和我家有亲戚关系外，没有听见还有其他亲戚，也没有其他亲属。想起来已经有半个世纪了，这些往事固然使我伤心，但也使我更加奋发，要为振兴中华而努力！醒民的革命精神不死，永远活在屠甸人们的心中。

自然，这虽然是题外话，却也是一代艺术大师心中曾经有过的一段由革命带来的往事和记忆。

四、进上海专科师范学校

"开后门"自古有之，到了"文化大革命"当中成了过街老鼠，人人喊打。其实，这不过是一种形式，而且看在什么领域，如果是政治领域，介绍进来的人才大可造就的也不乏先例，而艺术界、教育界，开后门进艺术界成大器的同样不乏先例。这

倒不是我在赞扬"开后门"，鼓励"开后门"，因为"开后门"的做法，对现代社会毕竟有失公平。但历史上既然有了的事，我们也直面事实，不用躲躲闪闪，搪塞读者，更不可伪饰历史，欺骗历史。所以，我们在追踪钱君匋成长之路时发现，钱君匋小学毕业后，教了

丰子恺作

一段时间的小学，在小学老师钱作民的介绍下，18岁的钱君匋被推荐去上海专科师范学校读书。因为，当时钱作民的好友丰子恺是这所专科师范学校的教务主任，所以，钱作民一介绍，钱君匋就"开后门"进了丰子恺门下，成为名副其实的丰子恺学生。当初钱君匋之所以要小学老师钱作民介绍，是因为钱君匋虽然小学毕业成绩不错，但他是个贫困的学生，据说，钱作民游说钱君匋父亲，让钱君匋去上海读书，钱君匋父亲钱希林不是个守旧的人，听到钱作民介绍和力荐，心动之后便同意儿子去上海继续他的学业，并且去向熟人米行老板借了200元，送钱君匋去了上海。

上海专科师范学校是一所私立的艺术教育学校，是丰子恺、吴梦非、刘质平等一起创办的，地点在上海小西门黄家阙路一弄内，吴梦非自任校长，丰子恺任教务主任。按当今说法是股份制学校。据说，当时这所私立艺术学校，分高等师范科和普通师范科，以培养中小学艺术教师为宗旨，男女同学，学制两年。事实上，钱君匋1923年秋天插班专科师范学校专攻图画和音乐时，丰子恺的教务主任只是挂名而已，人已经在浙江上虞白马湖春晖中学校教书了。不过，在钱君匋的最后一个学期，丰子恺回上海，又在上海专科师范讲课了。

虽然是熟人举荐介绍免试入学，但钱君匋进这所以培养中小学美术老师为宗旨的学校，实在也是适得其所。在这所学校里，钱君匋

游武夷山合影

合作后留念

的天才爱好——绘画与书法，得到正规训练和指导，还有，钱君匋得到艺术大师们的艺术熏陶。在师辈中，除丰子恺之外，还有专教图案的吴梦非。在吴梦非的指导下，钱君匋对图案艺术的认识有了新的提高，这种器物上装饰绘画的变形结构、色彩和纹饰图案，在艺术家眼里就是艺术地去理解，而不是技术地去摹仿。这种线条纹饰需要想象，吴梦非的观点深深地感染影响着钱君匋。艺术需要想象——这是年轻钱君匋得到的一个非常深刻的印象。而且在吴梦非老师的指引下，认真研究了日本装帧设计师杉浦非水和伊木忠爱的作品集，《杉浦非水图案集》、《伊木忠爱图案集》两部图案集让钱君匋打开了眼界。从钱君匋后来的书籍封面设计实践看，钱君匋在上海专科师范学习时，吴梦非的影响显而易见。图案设计课的实用性，让钱君匋这个从小镇上走来的贫寒学子格外用心。当时，他从老师的指引中隐隐约约感到图案设计是可以谋生的。

　　在艺术上，钱君匋还有幸得到弘一法师的另一位弟子刘质平的亲授，刘质平是音乐教育家，他对音乐的理解让弘一法师感到十分欣慰。刘质平海宁盐官人，当年李叔同着意培养刘质平，浙江第一师范学校毕业后，专门资助刘质平赴日本东京音乐学校深造，回国后就在上海专科师范学校任教。钱君匋进这个学校读书时，刘质平仍在这里教音乐，而刘质平先生的音乐课对年轻的钱君匋来说，竟是如此投缘！钱君匋的好学与刘质平执教的认真相得益彰。钱君匋在音乐里找到了感觉，钱君匋对音乐的悟性，与他的书法、绘画等竟如此相近！所以钱君匋后来在音乐上的造诣，开办音乐专业书店，肇始于刘质平老师对钱君匋音乐的指导，这恐怕是不争的事实。

还有，这所私立专科师范学校的各门课的任课老师都是有专长的人，吕凤子老师的书法、篆刻也深深地影响着钱君匋的发展。因为钱君匋对艺术的追求和执著，与一般同学不同。钱君匋好学，而且学有基础，有根底，而书法、绘画都讲究个出处，这方面钱君匋向

钱君匋诗词集书影

来注意，况且好学的钱君匋不张狂，所以深得老师的喜欢。在上海专科师范学校的两年学习期间，吕凤子老师带着钱君匋去见吴昌硕的往事让年轻的钱君匋铭记一辈子。时间的光阴过去60年后，钱君匋专门写了一篇长文《略论吴昌硕》，系统论述吴昌硕的艺术成就和艺术造诣，其中对60年前在吕凤子老师带领下见吴昌硕时的一幕依然清晰：

我与缶庐大师，荣幸有过一面之缘。

1924年，我在上海随吕凤子先生读书，酷爱书法篆刻，课余时间，不是临写《龙门二十品》，便是奏刀摹刻吴昌硕、赵之谦的印谱。吕师是诲人不倦的导师，给了我很多的鼓励，叫我买一套华正书局出版的《吴昌硕印谱》来仿刻，终因修养欠缺，仅得雏形，极少神韵。

大约是初夏时分，天气不冷不热，院子里浓荫布地，碧草如茵，吕师对我说："我要去吴昌硕老先生家里，你要想和我一道去吗？"吕师了解我的宿愿，这样安排，使

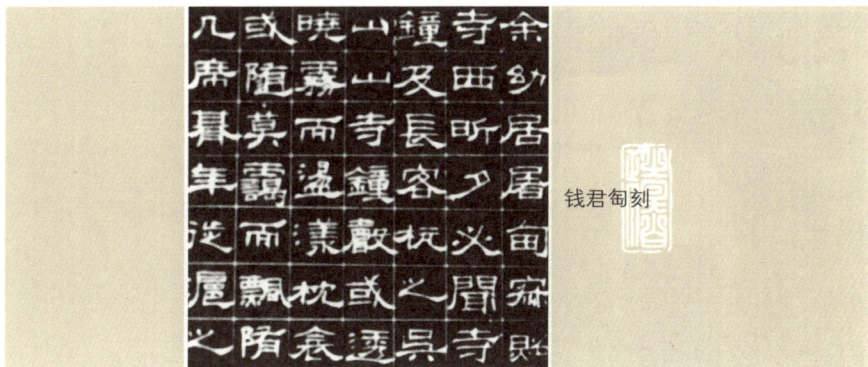

钱君匋刻

我铭感。

我陪同吕师来到了北山西路吉庆里，房子很陈旧，家具却色调淡雅，卷起的帐子，有点微黄色，帐额露出几枝苏绣的梅花，显然是以他自己的作品为蓝本的。笔趣雄健老辣，花的颜色艳而不俗。

当时昌老大名，中外皆知，日本也有学生。

由于吕师和缶老很熟，因而未经通报，便走上楼去。

过去我精读过他的作品，那壮阔夺人的气度，使我把缶老想象成岸然伟丈夫，还未入门，他咳嗽一声，响若洪钟，人未见着，气势慑人，使我的呼吸益发紧张。我们径入先生画室，他正在凝神画着葡萄，一管大笔，边画叶子，边蘸清水，越画越淡，然后用焦墨钩出叶脉，如篆如隶，笔笔扎实。因为桌子比常见的画桌高几寸，他站着作画，大笔驰骋砍削，我看得大气也不敢出，根本没有注意到他的身材，吕师也在分享老人创作的喜悦，直到他停笔才和老人打招呼。他含笑向我们走来，我才看清楚老人仪表完全出我所料，精干矮小的个子，很少占领空间，灰色眉毛，十分慈祥，目光炯炯，机智而略带幽默感，眼角笑纹翔舞，流露出乐天、谦逊、平易、洞察力很强，自有一种光风霁月净化他人杂念的魅力，迫使我总想多看他几眼，捧着热茶杯也忘记烫手了。

"来，给我拍一张"——在
新加坡留影

　　"坐吧！"老人招呼过一句，便和吕师谈论浙派、皖派印章方面的学问，我只能一知半解，所以不曾记住，又是晚辈，更不敢插嘴。兀坐在吕师下首，比较局促。

　　"我这个学生钱君匋，也在练习治印！"吕师怕我受到冷落，有意打破僵局。

　　"你很喜欢刻印吗？"老先生向我点点头。

　　"是的！"我起立作答，垂手鞠躬。

　　"坐下来谈话，这么拘束干什么？你刻的印是不是带来了？"他的询问少许带点鼻音，浓烈的乡土风味，混杂在赣

钱君匋捐献的
印谱

东渐西的语声中。

"老先生！我带来了！"

"拿来我看看！"

"请您老人家指教！"我双手奉上拓本。

他把拓本往桌上一放，戴上老花眼镜，默默地看着，左脚脚尖轻轻地叩击着楼板，仿佛在打着节拍。

他的双眉渐渐向鼻梁挤过来。

我的心往下一沉，真是太冒昧了：这样幼稚的习作怎么能拿来破费老先生的时光呢？

拓本放在桌子上了，我也更加后悔。

他沉吟片刻，两腮又绽出了笑影说："就是太嫩了，刻个十几二十年会老辣起来的。刻下去好了！"

"他刻过您的印谱，对您老很钦佩！"吕师也有点兴奋，目光奕奕地喝着龙井茶。

"我的印不好，没什么道理，古往今来，大家名手太多，就是刻得跟我一样也没有什么意思。要破陈法！你学我的东西感觉到什么地方最难呢？"

"清楚的地方难，模糊的地方反而容易刻得像！"

钱君匋在美国访学时现场治印

"哈哈哈哈！你不懂，再过几年你就会反过来讲了。等你到了一定的火候，明晰也好，混沌也好，都难都不难，气韵要贯注在每一刀每一画之中，全印要无懈可击。但是不要怕难，功到自然成！"

……

过了一会儿，他同吕师谈到昆曲的发声韵律，我完全听不懂，但是拘束已被他洒脱和蔼的长者风度所扫除。

在归途中吕师对我说："今天老先生对你不错，当面说出了你的不足之处，这是看得起你！一般后生来请益，多数只说'不错'，'好嘛'。'还能刻下去呵……'。极少面折人过，你要终生发愤治学，才对得起老先生啊！"

"是！我要终生努力！"

……

钱君匋的回忆十分生动，可见印象之深，吴昌硕让这个小青年刻下去，刻那么十几二十年，就会老辣起来的指导，一般人都当作客

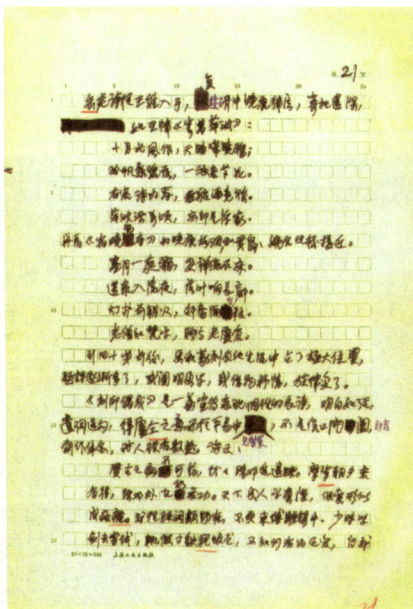

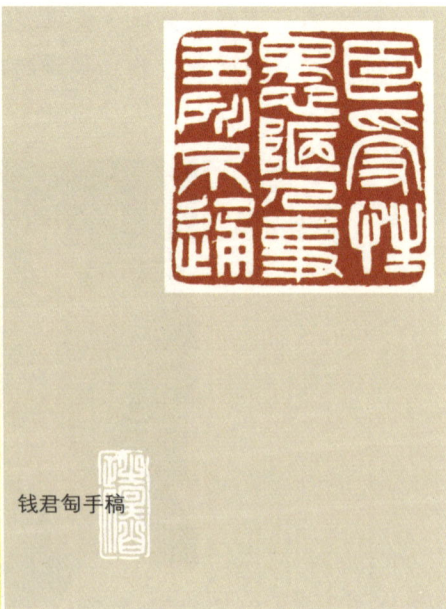

钱君匋手稿

套鼓励的话，但钱君匋没有，这个在吴昌硕大师面前的小青年听了前辈的指导以后，竟然一刻，刻了70多年！吴昌硕先生地下有知的话，也会为这个只有一面之缘的小青年颔首称许的，为钱君匋成为金石家投上一票的。自然，我们今天看来，如果当年钱君匋没有钱作民向丰子恺老师推荐，就不可能去上海专科师范学校，而没有去专科师范学校读书，没有遇上吕凤子先生，也不大有机会晋谒吴昌硕大师。估计没有这些机缘巧合，钱君匋的艺术追求在黑暗中摸索的时间会更长；如果钱君匋不去上海而去了杭州学艺术，恐怕也不是后来的造诣和成就。由此看来，一个人的造就，时代是一回事，地缘机缘也是极为紧要的。

钱君匋不光沐浴在这么有真才实学的老师的艺术氛围里，而且同学中还有陶元庆这样的莫逆之交。陶元庆虽然是钱君匋的同学，但实际影响当中，对钱君匋而言是亦师亦友的。陶元庆比钱君匋年长14岁，钱君匋的天才和好学，让陶元庆有知音之遇。所以，钱君匋在上海专科师范学校时，与陶元庆可以说是影形不离，艺术趣味，艺术爱好，艺术追求相近相同，因此钱君匋开后门进专科师范学校后，无疑沉浸在艺术和友情里，这让钱君匋在后来的岁月里任何时候回忆起来都是感到无比温馨和温暖。他在《陶元庆和我》一文中回忆与陶元庆

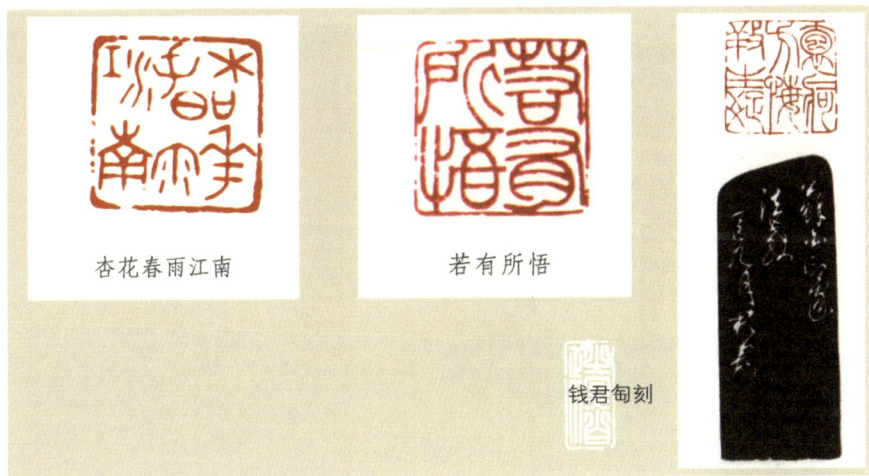

杏花春雨江南

若有所悟

钱君匋刻

友谊交往，让旁人看来都觉得十分甜蜜：

陶元庆和我认识在上海艺术师范，我们同住第二宿舍，而且又是同一寝室，床连着床。元庆长我十四岁，当时已在《时报》主编《图画周刊》，为了没有专业文凭，所以特地辞职来校读文凭，他的绘画早已具备很深湛的水平。

我们每晚在熄灯后，经常要闲扯一阵连床夜话才入睡，这些连床夜话，天南地北，毫无边际，涉及的范围很广。首先我们互相知道都是浙江人，元庆是绍兴人，我是桐乡人。元庆是鲁迅在绍兴府学堂时期的学生，为鲁迅器重。元庆有一位同学许钦文也为鲁迅所器重，钦文和元庆在府学堂就成为莫逆之交，其亲密较亲兄弟有过而无不及。现在我们在艺师同一寝室，也由初识而逐渐进入到感情深厚，最后也成为钦文和他一样的莫逆之交。元庆有一次柔声柔气对我说，

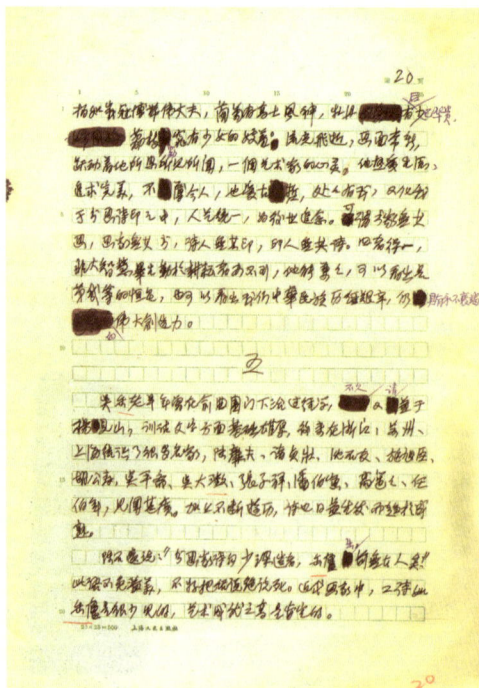

钱君匋手稿

他自己好比是《红楼梦》中林黛玉。这话和他的形象确乎有点相似之处，元庆虽是一介须眉，但其一举一动都有些像女性，他说话时常常用右手遮住嘴巴，声音很婉转，夏天不出汗，衬衫的领子上没有龌龊，坐着的时候常讽诵古诗词，性格很沉静。我听了他的话，细细体味，确乎有些像林黛玉的化身。元庆又说我年龄比他小得多，可以算是他的"丫头"，而钦文则不然，钦文颇有雄赳赳的气概，年岁和元庆不相上下，他说可以作为他的"当差"。我打趣说那么"贾宝玉"呢？有没有人够"贾宝玉"的资格？元庆就没有回答，可见我们三人之间亲密程度了。

为了在艺师时期独占第一宿舍的第一寝室，每学期开学之前互相在信中约定到校日期，同时提前一日到达，提前缴费，以便分配在同一寝室，我和元庆在寝室里同在一张桌子上完成班上布置的作业，我的图案课作业经常得到他的指导而获得高额分数，我在书籍装帧上得以崭露头角，其功和他是分不开的！

钱君匋的这个回忆，可以想见当时两人关系之亲密。所以，钱君匋后来的封面设计得陶元庆艺术胎息，让鲁迅、茅盾等大作家感受到

钱君匋在君匋艺术院

钱君匋捐献的
印章

其一脉相承的艺术个性。

后来，钱君匋和陶元庆在上海专科师范学校毕业后，还曾一同去台州省立六中任教，一时，志同道合得还有些难分难舍，尽管两人年纪相差14岁。后来钱君匋在封面设计生涯里，起步阶段每次得到陶元庆的提携和帮助，当初陶元庆为鲁迅书籍作封面设计出名以后，面对纷至沓来的求他设计封面的人，陶元庆一一推辞，实在推辞不掉的，便和作者婉商，推荐钱君匋来设计。这让一直想在绘画装帧上取得成绩的钱君匋自然感动不已。所以，"钱封面"的雅号里，有着陶元庆的功劳。钱君匋在上海专科师范学校结识陶元庆，是他一生的幸运。不过，钱君匋是记恩感恩的，后来陶元庆英年早逝，孑然一身离开人世后，钱君匋与鲁迅、许钦文一起在杭州西湖边集资为陶元庆建墓立碑，而且后来每次去杭州，总要去陶元庆墓地凭吊，怀念这位亦师亦友的同学。

陶元庆不仅在艺术上提携钱君匋，而且在学校生活上也是照顾这个比自己小14

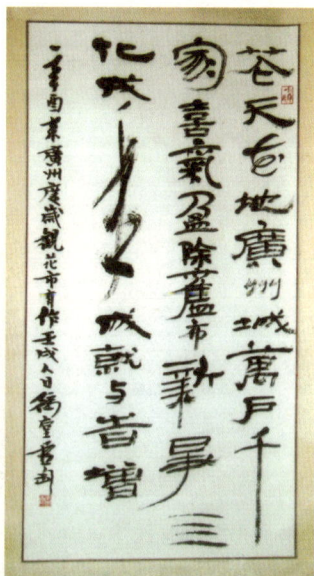

钱君匋作

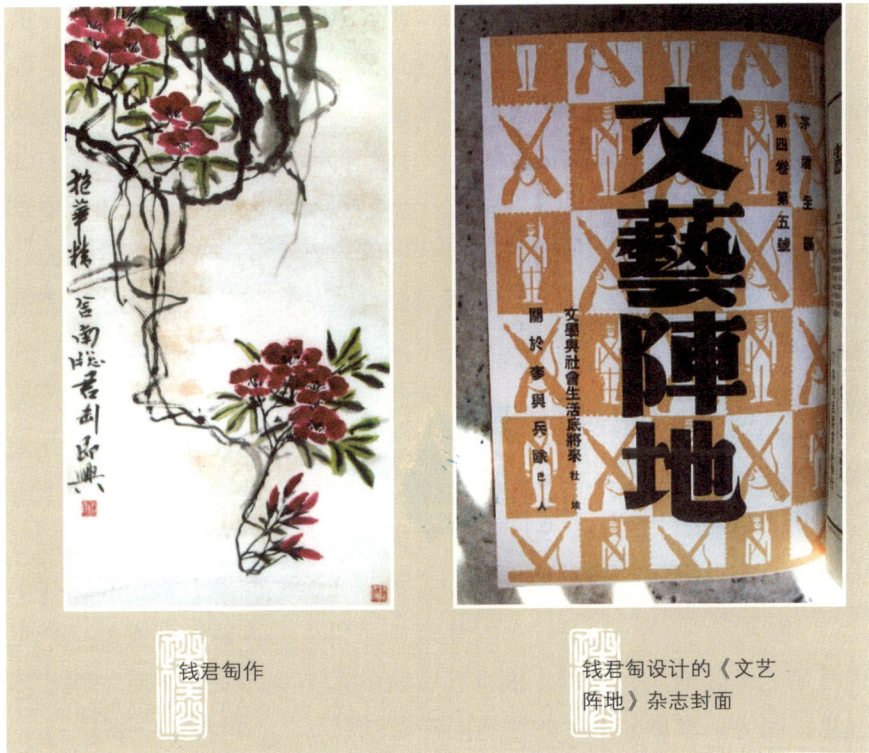

钱君匋作

钱君匋设计的《文艺阵地》杂志封面

岁的同学，让从小镇屠甸走来的家庭贫寒的钱君匋感到温暖。所以陶元庆是钱君匋人生之路上的第一个真正称得上朋友的人！现在看，陶元庆的治艺方法和治艺态度同样给钱君匋很大的影响。比如陶元庆封面设计的"谨严"，构思的缜密，作品的效果常常引人耽于遐想等等，都给钱君匋的封面设计很大影响。钱君匋清楚地记得，陶元庆他对每幅作品的"构思非常缜密，一定要在写生稿上作仔细的取舍，化繁就简，突出主题，追求色调的对比与和谐，线条的书法化，有流畅自如，有屋漏痕的稚拙，形如块的组合又注意到表现主观的需要，不作无谓的拼凑，变形的地方使人叫绝，不同一般胡乱的、毫无意义的扩张描写，所以他的油画、水彩或水粉画，都是有独特的个性，高度的艺术水平，虽然是洋画，能融入中国民族形式的优点，而不碍洋画的表现"。

钱君匋作

现在我们走进钱君匋晚年亲自提出设计要求并选定设计方案的"君匋艺术院"，其风格特征很有些陶元庆艺术风格的余韵，可惜我们在钱君匋先生生前没有请教。当初他如此要求设计，犹如给作家的作品设计封面，钱君匋的脑海里肯定有哪位艺术家的艺术风格的影响在内。可惜晚矣，到今天我们突然感悟到钱老先生设计理念里风格影响时，钱老先生已在九天之上，再也无法带着屠甸乡音的上海话告诉探寻者了。好在完完整整的君匋艺术院在这个世界上留存着，这个建筑作品仍在无言地告诉着每一个走进君匋艺术院的人，让每个徜徉艺术院的来访者感受到钱君匋的艺术气息。因为，君匋艺术院的建筑同样是钱君匋艺术世界的一部分。

上海专科师范学校充满师谊友情的艺术氛围造就了一代大师。这，是当年托关系开后门，借了几百元钱进上海专科师范学校时的钱君匋所没有想到的。

在钱君匋书画篆刻展的展览开幕式上

五、一封信

在青年钱君匋的记忆里，印象之深刻，莫过于丰子恺先生的一封回信。恰恰是这封信，让钱君匋发愤读书，终为一代大师的养成铺下了扎实的文化功底。

让钱君匋发愤读书的信的来龙去脉是这样的。

1925年夏天，18岁的钱君匋毕业了，离开上海专科师范学校后，工作却成了问题。他去找商务印书馆的沈雁冰，此时的沈雁冰正带头在商务印书馆闹革命，开展罢工斗争呢。因为"五卅"运动之后，商务印书馆在中共的精心策划和组织下，罢工斗争正风起云涌，而沈雁

钱君匋刻

冰、陈云等正是商务印书馆罢工斗争的领导人，忙得白天晚上连轴转呢。所以，此时刚从学校毕业的钱君匋冒冒失失地去商务印书馆找沈雁冰，结果自然是没有结果。况且此时的沈雁冰只是商务印书雇用的一个高级编辑而已，而且正在与老板闹工潮，造老板的反。

　　钱君匋只好回到老家屠甸。

　　不过，找不到工作，回到屠甸后，又生了一场莫名其妙的病，病中的钱君匋心情有些颓唐，从小追求艺术，现在毕业了却无处安身，凭他的艺术方面的功底，在艺术学校、中学里面教艺术方面的功课，自己感觉已经是绰绰有余了。现在，一个学业有成的小伙子却因病困在故里，于心不甘，于愿不符！晚上辗转反侧难眠的钱君匋想得很多，也想得很远，想到了提携自己进专科师范学校的老师丰子恺。两年前是钱作民先生给丰子恺写信，自己得以进校读书，现在认识了丰先生并在他门下求学毕业了。虽然钱君匋进校后丰子恺先生已在上虞白马湖春晖中学教书了，但，毕竟这个学校是丰子恺先生等创办起来的，现在，丰子恺先生回到上海了，不过主要是忙碌立达中学。想到

钱君匋善写大字，莫干山的"翠"字是他一生中写的最大的一个字

在愉快的旅途中合影

丰子恺先生的艺品、人品，让钱君匋胆大起来，他在病中给丰子恺写了一封信，希望老师能给自己介绍一份工作。这封普通的恳求信，无非是介绍自己学业完成，现在屠甸家里，一时找不到工作，希望老师引荐介绍等等。

钱君匋将信寄出后，一边养病一边满怀信心地等待丰子恺的回信。等待是心焦的，也充满着想象和憧憬，钱君匋只好专心琢磨书法，想着那些字的结构，各种字体的写法，以此来打发心焦的等待。

不久，丰子恺回信来了，当接到丰子恺信的一刹那，钱君匋的兴奋和期待溢于言表，心想，老师毕竟是老师，这么快就回信了，自己的全部希望都在丰子恺的这封回信里了！但是，当钱君匋打开这封丰子恺的回信时，一看傻了，丰子恺在信里毫不留情地批评钱君匋：一封要求别人帮忙的信里，竟然措词不当，错别字一堆，句子也不通顺，这样的文化水平，我能引荐介绍吗？所以，丰子恺口气严厉地告诉他：我不能给你介绍工作，你先把文化课好好补补吧！

钱君匋看完信，真有点无地自容，他没有想到这位温文尔雅的丰子恺竟这么不给自己面子，上了两年的专科师范学校，怎么反而文字不通了呢？在桃园小学代课时，自己还真觉得有水平、有文化了呢。不过，钱君匋毕竟是钱君匋，他那种与生俱来的自强不息的性格，让他很快冷静了下来。他发现丰子恺"骂"得句句在理，并没有半点冤

枉自己，老师指出的全是事实。钱君匋回想自己此前的求学经历，确实光注意用功于自己喜欢的书法、绘画、音乐等功课了，整天沉浸在线条、色彩、美妙动听的音乐里了，而对文化基础的功课确实疏忽了。老师的一封信，犹如当头一句棒喝，让钱君匋从沉湎在艺术的世界里惊醒过来，一个艺术家，没有深厚的文化底蕴，是成不了艺术大师的，况且现在如此的文化水平连找一份糊口的活儿都难！

老师严厉的批评，钱君匋惊醒以后没有半点怨言，他那种自强不息的脾气将苦药当补药吃，他想，老师的批评是对的，是为自己好，自己应当补上这一课！

博大精深的中国文化对一个十八九岁的年轻人来说，真有点无从下手呢，耿直的钱君匋只有只争朝夕了，他在屠甸家里唯一可以让他补上文化这一课的，只有一本商务印书馆出版的《实用学生字典》。于是，钱君匋就从读这部字典开始，从"丶"部、"一"部开始，直到"鼻"部、"龍"部为止。一个字一个词这么读下去，钻研下去，从早晨到晚上，除了吃饭睡觉，1925年的夏天钱君匋将自己的全部精力都花在读字典、背诵字典上了，读了一遍，背了一遍，再读一遍，再背一遍。功夫不负有心人，钱君匋尝到了读书的甜头，许多过去似是而非的字，现在弄清楚了，许多习以为常的书写的字，现在发现竟

钱君匋设计的封面

是不可以这样写的，一些字、词的意义、读音让钱君匋明白了许多。许多不常见的词语，常常让钱君匋感到眼睛一亮，一部并不宏大的字典，让钱君匋尝到读书的甜头。

一封信成就了钱君匋，一部字典为钱君匋成为一代大师奠定了最初的基础！

钱君匋后来散文写了不少，曾出版过《素描》、《战地行脚》、《书衣集》等散文集，晚年曾有《钱君匋散文》出版，还有20岁时就编就《春日》散文集。钱君匋的文笔和他其他门类艺术一样，十分清新和老到。摹人状物，寥寥几笔，生动清朗，叙事眉清目秀，一目了然，明显留有五四时期影响。虽然算不上是一个散文大家，但其作品堪称上品，许多篇章尤其是晚年一些散文，堪称精品，比如《谢谢理解》一

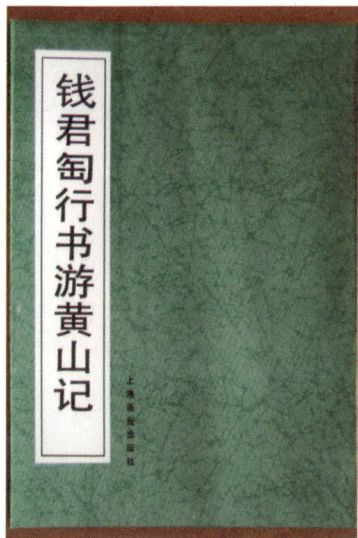

钱君匋行书游黄山记

上海画报出版社

钱君匋与丰子恺丰一吟父女摄于杭州西湖

文，文采斐然的同时，充满着一个不断进取的艺术大师的情怀。所以钱君匋那些至性至情的文字，是他自丰子恺一封批评信后发愤自学和发愤苦练取得的，没有这样啃字典的精神，也不可能有钱君匋上百万字的文字作品，更不可能有那些精彩篇章！

　　钱君匋在苦练、苦读、苦学的同时，不断写诗、写新诗。在钱君匋的文学作品中，诗词占了他的大部分，22岁时他就在亚东图书馆出版新诗集《水晶座》；1933年自己编辑一部《君匋诗集》；1987年在学林出版社出版古诗词集《冰壶韵墨》。从新诗创作到古诗词创作，深厚的文化底蕴也是钱君匋之所以成为艺术大师的根本所在。钱君匋新诗不让年轻人，古诗词创作直追古人，赵景深先生评钱君匋的诗时有一段很有趣的比喻："我该用什么来比拟君匋的诗呢？当你静夜在松林中散步的时候，一阵软软的风吹在你的脸上，这风，就是君匋的诗了！当你在床上假寐的时候，一阵淅沥而又哀怨的雨声将你滴醒，这雨，就是君匋的诗了！他的哀怨有如淡淡的影子，你无论怎么用手摸都摸捉不到，只能得其仿佛。"所以今天读钱君匋这些新诗、古诗词，自然而然会想到当年丰子恺那封批评钱君匋文字不过关、文句不

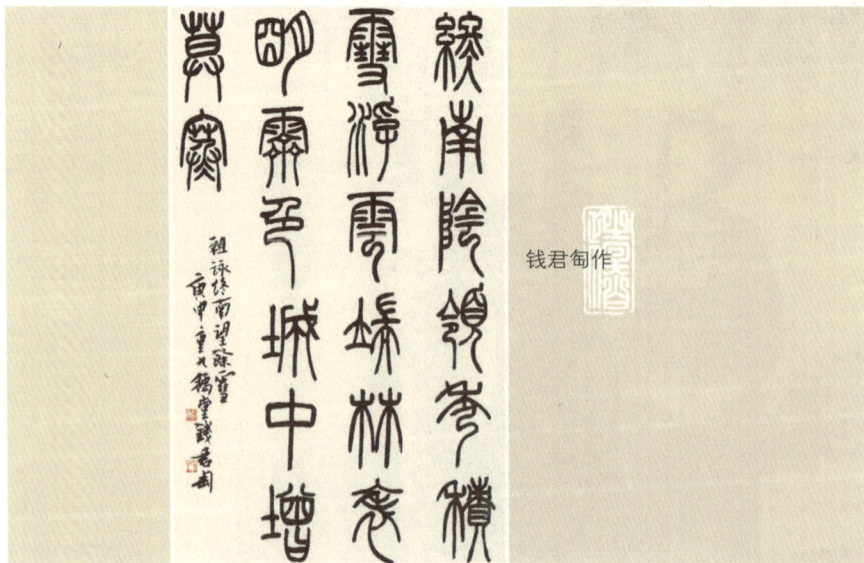

钱君匋作

与沈迈士等在一起

通顺的信。丰子恺的批评信之于钱君匋，促成了钱君匋的奋发努力，后来钱君匋在一篇文章中还谈到读书对成"家"的重要性，也谈到自己年轻时收到丰子恺一封批评信后苦读的事。他说："一切有所成就的人都必须读书，读很多的书，读书可以增加知识、拓宽眼界，对每个人的事业都有促进作用。……学艺术的人，多读些艺术方面的书。读书对于自己的专业能起到提高、更新的作用。在艺术上，有一种所谓书卷气，就是从读书中得来的，有学问的人写出来的文章，创作的绘画、书法、篆刻……具有深远的意境，迷人的魅力。"他当时清楚地记得60多年前丰子恺先生那封信，他说："18岁那年，我毕业于上海艺术师范学校，丰子恺是我的老师。我毕业后没有找到工作，就写信给丰老师，请留心为我找个工作。我去信中有错别字和不合语法的文句，丰老师回信指出，要我努力，把这些缺点弥补。我读了信就奋发通读了两遍《实用学生字典》，从'一部'读到'龍部'，虽是工具书，但我读来颇有兴趣。……"钱君匋在读书中得到的充实和营养，感受溢于言表。

不过，当年丰子恺听说钱君匋在病中收到信后如此奋发读书，也颇为感动，半年之后，丰子恺介绍钱君匋去浙江省立第六中学教音乐课。六中在浙江的台州，自此，钱君匋的事业颇顺利，丰子恺的信犹似一阵劲风，让钱君匋猛然一惊之后，又奋起前行，走上艰辛而值得

追求的艺术之路。后来，丰子恺感慨地说："真想不到啊！当年我的一封批评信，竟起了这么大的作用，竟然逼出一个作家和音乐家……"

所以，世界上的事，如何面对？是对一个人的成才至关重要的。

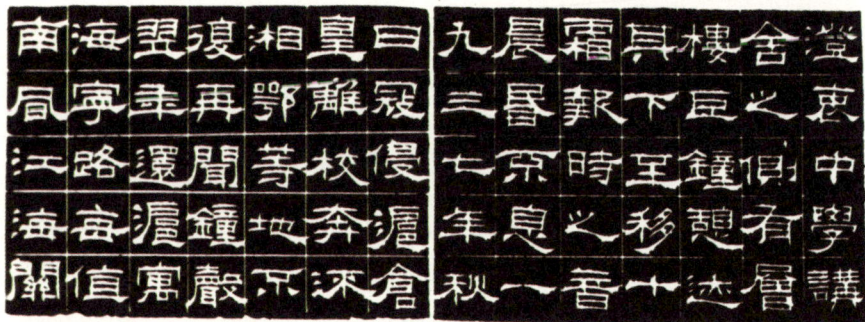

钱君匋作

六、初恋是一首诗

钱君匋走上社会是从教育界开始的，且不说他小学毕业去担任村小老师那段往事，而从上海专科师范学校毕业后，因病在屠甸老家休息半年之后——其实他在自己给自己补课。待身体恢复以后，钱君匋经人介绍，去海宁一小担任小学教师，海宁县城坐落在盐官镇上，这是一个观看世界闻名遐迩的海宁潮的胜地。在教书之余，年轻

钱君匋作

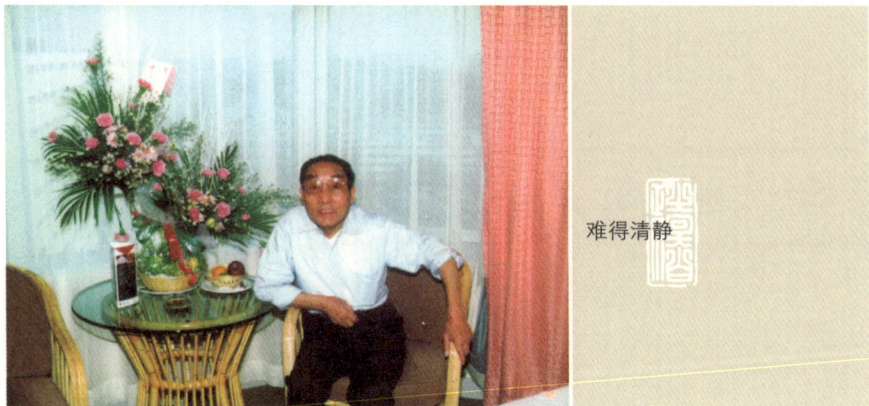

难得清静

的钱君匋常常结伴去钱塘江边看潮水。钱君匋毕竟是艺术大师的料，连看潮水也都与艺术联系起来，艺术通感让钱君匋顿悟，感到艺术要有气势，气势要像钱江潮那样澎湃奔腾，势不可挡。钱江潮对钱君匋的艺术影响太深了。

钱君匋作

然而，正当钱君匋徘徊在钱塘江畔观潮时，丰子恺来信要介绍钱君匋去台州省立第六中学担任音乐老师。钱君匋欣然前往——因为上海专科师范的好友陶元庆也在那所中学里教书，专教美术，还有据说海宁老乡章克标在那里教数学，虽未谋面，也早有耳闻再加上有丰子恺的介绍，钱君匋就下决心去台州六中教音乐了。

这一年，钱君匋21岁。

其实，21岁的钱君匋虽然浑身上下装满了艺术的情愫，但在那年那月，他却是一个讷于言敏于行的人。章克标在与钱君匋台州六中相识两年后在一篇文章中留下了这样一个钱君匋：

　　君匋和我相识，是那一年在台州的时候，我们同在一个以闹风潮出名的学校执教鞭。那时我们的卧室是紧邻，所以他们的一举一动，我是很明了的。他平常不大开口说话，即便开口也不多讲的，这一点很合我不会酬应的人的脾胃，所以他比较还和我话得来。但他早上老是懒在床上，用被蒙了头不起来，时常把窗户掩遮得不让一点光线进去，使白昼也同黑夜一样，

钱君匋作

却是我不大喜欢的。我时常早上要去闹醒他来，不使他安睡，虽则他原很可以安眠，因为上午大都没有功课的。每逢被人家闹醒时，他也不动怒，只用幽怨的眼光相你一相，因为他本来少说话的，所以仍是一句话也没有的。

　　有一次，承他看得起我，把他的一首诗给我看了，说是睡梦中做好的。这是我看到他诗章的第一次。……

　　章克标虽然不喜应酬，但思想深处却是一个新潮人物，因而与木讷的钱君匋情投意合。所以透过章克标的笔墨，其实我们可以看到21

岁钱君匋也和同时代青年同样有着诗一样的理想和激情。

然而，外表木讷、内心丰富和极有情怀的钱君匋，自然与学校里陶元庆的性情更加相近了，在陶元庆那里，钱君匋得到耳提面命，学到了许多封面设计的"窍门"，对封面设计真正感兴趣是从台州六中感受陶元庆开始的。

木讷的钱君匋似乎教音乐、感受陶元庆，还不足于满足自己旺盛的丰富的思想感情。他开始写充满青春活力的新诗，表达自己的情感。

但是，这种带诗意的教书生涯并不久长，学校里派系斗争让钱君匋、陶元庆、章克标等年青教师也不得安生，于是，钱君匋和陶元庆、章克标等不得不离开台州六中。

钱君匋回到老家参与了几次小小革命之后，去杭州位于城隍山元宝心的私立浙江艺术专门学校任图案老师。

在风光秀丽的西子湖畔，钱君匋与那些年纪相仿的俊男靓女在一起，有着无限的青春活力。学生中有一位宁波来的学生叶丽晴，芳龄十六，正是情窦初开的年龄，她在听钱君匋讲课过程中，深深为钱君匋的知识魅力所吸引，因此，叶丽晴常常以各种借口，比如讨教，比如借书等等，和钱君匋接近，钱君匋也喜欢这个女学生，所以两人交往中常常心有灵犀，叶丽晴会说话的眼睛里，钱君匋常常感受到了她

欣赏印章是钱君匋
平生一大乐事

的深情——虽然两人谁也没有捅破这层纸，两人却已心心相印。但叶丽晴为了避免闲话，常常带着同学，有事没事往钱君匋宿舍里跑。钱君匋在此后不久回忆记述的《记春尽之某日》里，记录了钱君匋青春少年初恋时刻外出写生画画的情形。将女友偕伴找他去西湖边写生的情景，写得趣意盎然，把叶丽晴那种爱慕情愫写得含蓄而又有分寸。

然而，钱君匋这段初恋的幸福时光并不长，一个学期过后，叶丽晴回宁波了。此时，钱君匋才真正感觉到自己已经喜欢上这个叶姑娘并且仿佛离不了她。钱君匋寒假没有回屠甸，一个人孤单单地留在杭州的学校里，痴痴地想着叶姑娘，等着叶姑娘。

此时，叶丽晴回来了，但恋人是带着一颗破碎的心回来了，叶丽晴无言的脸色早已让敏感的钱君匋猜到了许多，叶丽晴无限怨苦地告诉钱君匋，自己这次回去已经与一个大她许多的男人订婚了，家里人逼她的，没有半点办法了，回到学校来就是来告别的。叶丽晴的愁

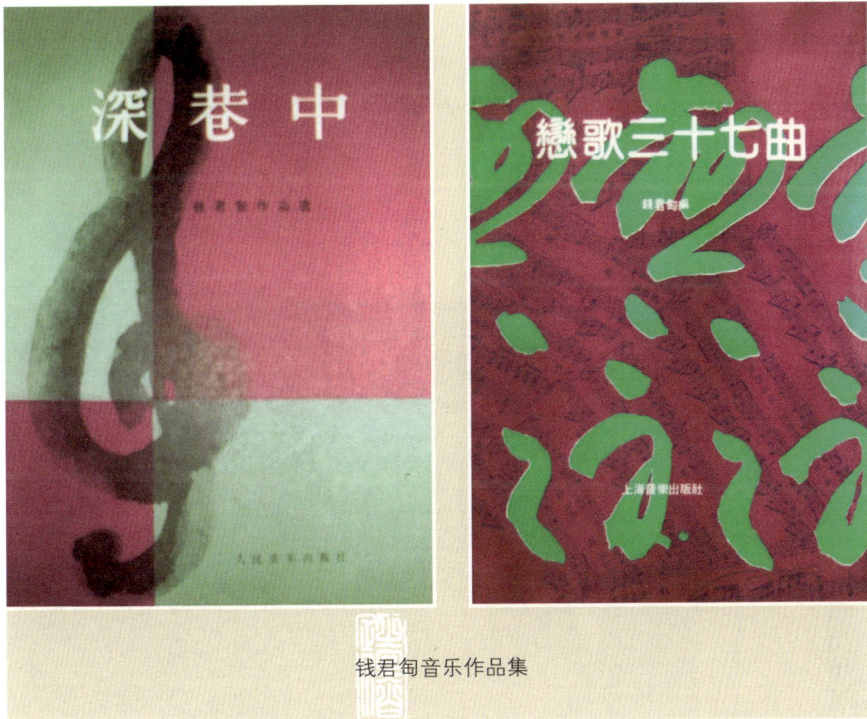

钱君匋音乐作品集

绪让钱君匋痛苦得无言以对。钱君匋眼看着自己热恋着姑娘离去的身影，整个人仿佛散架似的无助。

钱君匋将失恋的痛苦倾诉在一首首新诗里，在新诗里排解自己的痛苦，他的《我的心已化成石块》等，就是自己失恋后的心绪的记录：

我的心已化成石块

春天虽明年依旧会回来，

但是朋友，

我的心却永远没有春天，

因为心已化成石块！

虽早先也曾留过爱情停足，

而让喜悦的春风将声声的恋歌以及和她缠绵的情话卷去，

而让明净的潮波倒映着她和我的倩影，

或于柔嫩的阳光里草地上让她和我出现于华伞之下，

或于皎洁的明月映入窗槛时让我和她并睡于被褥之间。

但现在这些都已成了隔世之事呵！

记得春天来时，

伶俐的鸟儿会歌唱，

原上的树林会青葱可爱，

遍山野的花朵会含笑低语，

粉衣的蝶儿会翩翩飞翔，

潮水也会绿波轻漾，

还有那三三两两的恋人呀，

俯仰唱和于春的乐园里。

转念到我的心儿呢，因为已经化成石块，

所以春天虽来了也这般冰冷，

树林上青葱的叶儿落尽时，

也这般的冰冷，

唉唉，我的心里永远不会再有春天了！

有时仿佛在朦胧之中，

我的心似乎又回复了从前的多情，

以为春天又重复回来了，

但我仔细一抚摸心儿，

春天却依旧杳无形影，

而心儿并未回复了从前的多情，

确是化成了石块。

　　　　1926年8月27日于紫薇山

　　钱君匋那种失恋后在精神上的痛苦跃然纸上，刚刚尝到恋爱的滋味，却又失去了，他心冷了，冷成石头一般！正如他在另一首诗里讲的"愿爱情不再萌芽"，心已石头，自然不会萌芽。此后一段时间，钱君匋的诗里，没有热情，只有寂寞、清冷等字眼。有时，钱君匋在夜里仰望星空，想起初恋那姑娘，"几颗疏落的晓星，疑是梦里带回来你的明眸"。钱君匋是难以忘怀！在此后相当

钱君匋作

一段时间，钱君匋无法忘怀，他在《怀远》一诗仍透出浓浓的愁绪：

　　当花开满院时，

　　与你曾共赏；

旅游途中依然
精神矍铄

当月照中庭夜，
脚边影双双。
别后思念寝食立，
今独对眼前景，
心神惟黯伤！

在另一首《寂寞的心》里，钱君匋的心扉依然紧闭着。

寂寞倚傍紧闭的心，
是永远荒芜了，
虽春风和畅地吹拂也不曾开过花，
只随雨点呜咽。

那寂寞的心呵，
永远紧闭着荒芜了，
虽春风和畅地吹拂也不曾开过花，
只随雨点呜咽。

海潮幽咽，
斜风低泣，
惟隐忧占领了我的心，
秋草萎谢，
白杨萧飒，
惟苦闷侵蚀了我的心！

回顾遍染寒怆的人间，
已无可留恋了，
将使飞随浮云，
同幻灭于虚无。

那遗下的悲苦，

钱君匋夫妇摄于上海

都奉还给自然，

尘般往事，

撇了开去，

再无所歉然了，

再无所歉然了。

一句"再无所歉然了"，可以想见钱君匋与宁波姑娘叶丽晴相恋的苦痛，随着时间的推移，正在慢慢地平熨。但因此而写的爱情诗却一首接一首地从钱君匋笔下流淌出来。据说，当叶丽晴一段无言的恋爱结束后，另一位女学生萱姑娘却主动接近钱君匋，但钱君匋没有为她所动，石头似的心扉依然紧闭着，叶丽晴那善解人意的形象一时无法消退。在钱君匋心里，此时哪有空间容纳另一位。

钱君匋失恋了，同事沈秉廉、陈啸空、邱望湘觉得用语言来劝慰钱君匋已经无济于事，又看到痛苦的钱君匋，写了不少情诗，个中情理，几个同事自然明白。于是几个同事因势利导倡议成立"春蜂乐会"。从事音乐创作，专写歌曲，与上海章锡琛主编的《新女性》月刊合作，在那里发表歌曲作品。

夜潮秋月相思

钱君匋与老友巴金

因为恋爱，钱君匋写了不少情诗，因为失恋，钱君匋他们几个年青人组织"春蜂乐会"，因为"春蜂乐会"，才与开明书店有来往，并以此为契机，走进开明书店的大门，让钱君匋早年所学的图案设计发挥作用，不久便成为书籍封面设计中赫赫有名的"钱封面"。

1927年，21岁的钱君匋走进开明书店的大门。说来也奇怪，当时钱君匋因为恋爱不成才离开杭州的，然而石头似的心，在开明书店内似乎又打开了看似封闭的心扉，钱君匋回绝萱姑娘的追求后，开始追求开明同事王蔼史。这个王蔼史是浙江上虞县人，出生于名门望族，但王蔼史却是一个追求进步和自由的受五四影响的青年女性，不满封建婚姻，只身到上海找自己心仪的同乡青年胡愈之。王蔼史的痴情让已结婚的胡愈之十分感动又十分无奈，他只好让王蔼史找一份开明书店的工作，借以谋生。所以钱君匋1927年进开明书店时，王蔼史已在开明书店做校对工作了。

开始没有多大注意，后来忽然发现这位俏丽、温柔大方的王蔼史特别善解人意，有了这样的感觉后的钱君匋更加注意王蔼史，然而王蔼史似乎早已下了决心，除了胡愈之，已无心恋爱。但钱君匋随着时间的推移，追求的热情有增无减，这位表面木讷的艺术家内心对王蔼史激情澎湃。后来蒋介石上台后不久，对中共党员和进步人士大开杀戒，胡愈之亡命法国，躲过蒋介石带来的劫难。这件事对苦苦追

钱君匋夫妇合影

钱君匋夫人陈学肇

君匋
學肇承
陳彬龢潘公展
王禮錫周斐成四位先生介紹並得雙方
家長之贊許擇於民國三十二年一月一
日在上海訂婚一切儀禮概免謹此奉
聞並祝
新禧
　　　　錢君匋
　　　　陳學肇敬啓

钱君匋陈学肇的订婚请柬
（徐重庆提供）

求和等待的王蔼史来说是十分残酷的，后来，王蔼史与钱君匋作了一次推心置腹的长谈，表示她心里只有胡愈之。胡愈之离开上海不久，感觉孤单的王蔼史不顾一切地离开上海去追随胡愈之，先去马来西亚，后又到法国，岂料，王蔼史追到法国时，胡愈之恰巧在半个月前去了莫斯科。痴情王蔼史的爱情之路坎坷，始终未能如愿，最终成为一个爱情悲剧。而钱君匋的这次单相思恋爱，仍然是以失恋告终，据说王蔼史追胡愈之追到国外之后，钱君匋失恋痛苦得要自杀，他找到老朋友巴金，居然央求巴金在他自杀后为他写篇悼念文章。

年轻的钱君匋恋爱上甜味没有尝多少，苦味却不少。但这些"苦味"让钱君匋这位年轻的艺术天才多了一些磨炼，同时又多了一些婉约哀怨的爱情诗——其实恋爱本身就是一首诗，是恋爱中人心里流淌出来的诗。

几年之后，钱君匋27岁那年，才与江阴姑娘陈学肇结成连理，白头偕老，幸福美满地一起携手走过70多年。当然，这是后话。

七、在名流中穿行

钱君匋在伟人鲁迅的记载里有多处，鲁迅书信里有给钱君匋的信一封，鲁翁日记里有五处提到钱君匋。一是1928年7月17日，那天天气晴朗，鲁迅偕许广平等同游杭州刚刚返回上海。此时，旅途劳顿的鲁迅在日记中写道："得钱君匋信并《朝花夕拾》书面两千枚。"那天，21岁的钱君匋给鲁迅的信上写些什么呢？事隔33年后的1961年，钱君匋有个回忆：

……

1936年摄于上海中山公园

到了下一年的七月间，元庆为鲁迅先生的《朝花夕拾》做好了极其优秀的装帧。印刷时，鲁迅先生怕形象和色彩与原作有出入，打算自己上印刷

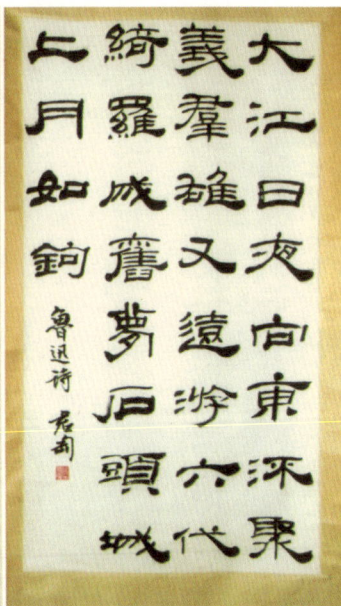

大江日夜向东流，羣雄又远游六代，绮罗成旧梦，石头城上月如钩。

鲁迅诗　君匋

鲁迅印谱

钱君匋　刻

鲁迅印谱

广东人民出版社

钱君匋作

厂去看着印，又因有杭州之行，不能分身。这时，元庆远在北京。这件事就落在我的身上。我一向知道鲁迅先生对书籍印刷质量的要求很高，就一连跑了好几天印刷厂，在那里看着他们印制这个书面，对每套色彩都细致地校正了。我对书籍的印制质量的严格要求的习惯，寻起根来，还是由于受到了鲁迅先生的影响。

《朝花夕拾》印完以后，我就附了一封信，一起托印刷厂送给鲁迅先生。那封信上所谈的，除了关于《朝花夕拾》的印制以外，还告诉了鲁迅先生他所译的《思想，山水，人物》一书中的一个误译。……

……

钱君匋的回忆大概是正确的，回到上海的鲁迅先生不顾旅途劳累，当天就动手回信钱君匋：

君匋先生：

顷奉到惠函并书面二包，费神谢谢。印费多少，应如何交付，希见示，当即遵办。

《思想，山水，人物》中的Sketch Book一字，完全系我看错译错，最近出版的《一般》里有一篇文章（题目似系《论翻译之难》）指摘得很对的。但那结论以翻译为冒险，我却以为不然。翻译似乎不能因为有人粗心或浅学，有了误译，便成冒险事业，于是反过来给误译的人辩护。

鲁迅 七月十七日

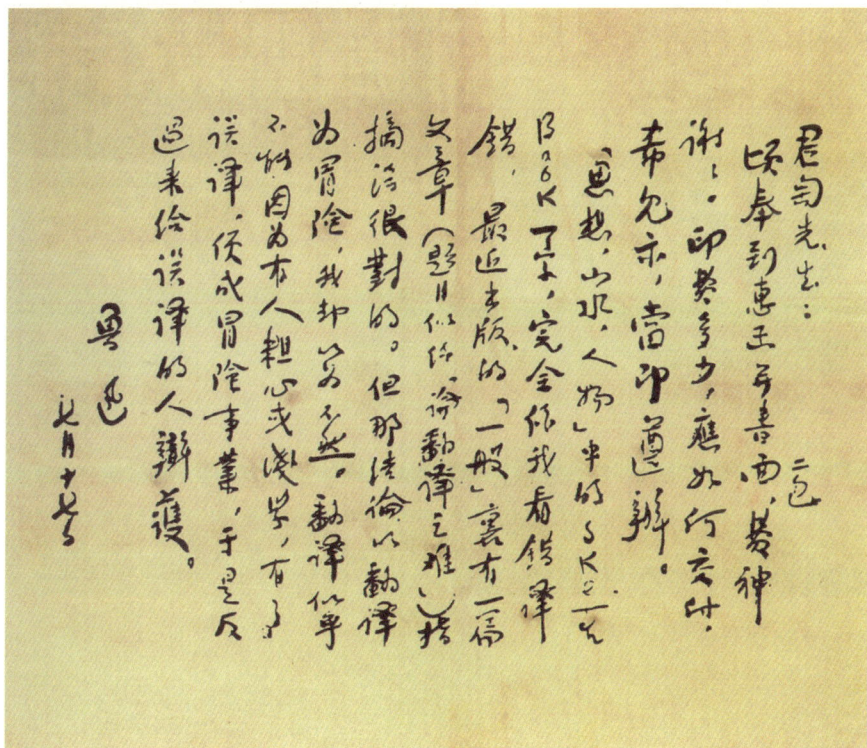

据鲁迅日记记载，这封17日写的信是18日发出的，18日"午后复钱君匋信"。而19日鲁迅"下午得钱君匋信"。从鲁迅日记看，当时钱君匋还有给鲁迅的信，1931年3月4日日记里记着"得钱君匋信，索《土敏土之图》，即与之。"1934年10月1日，鲁迅日记中也有得到钱君匋的信的记载。

不到30岁的年轻艺术家钱君匋有幸与文坛巨匠鲁迅书信往来并且直接聆听鲁迅对艺术的见解，和直接感受鲁迅做事做人认真负责的态度，让钱君匋终生受益。笔者在20世纪80年代碰到过这样一件事，当时桐乡君匋艺术院已经落成并开放，君匋艺术院的同志送钱君匋先生一份工作总结，但这份手写的总结的字写得龙飞凤舞，钱先生看了一眼就让人退回去，让艺术院的同志重新写过。他说，这材料是给别人看的，怎么可以写得这样龙飞凤舞？给别人看的材

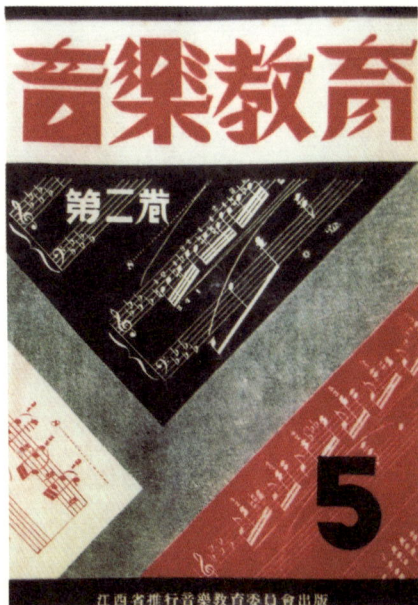

钱君匋设计的封面

友声旅行社合影（前排左一为钱君匋）

料，一定要写得端端正正，这也是礼貌，尊重别人。后来我见他在包扎几本书，包得方方正正，一丝不苟。当时我在旁边问钱先生：您这样一丝不苟是受谁的影响？钱先生二话没有，脱口就说："鲁迅"。当时我突然想到，恐怕古今中外成大家的人，都是一丝不苟的人。如果是玩世不恭的人，没有道德情操的人，恐怕再聪明、再有机遇，也只是昙花一现而已！

钱君匋最初与鲁迅对话，亲身感受鲁迅的魅力，还是在他20岁的那个年头上。

那年，1927年钱君匋刚进开明书店不久的一个午后。钱君匋有一个详细而温暖的回忆：

> 1927年的一个午后，我第一次见到了鲁迅先生。那时我正在上海宝山路宝山里六十号初创的开明书店工作。这家新兴的小型书店，是鲁迅先生的乡友章锡琛所创办的，当时只有赵景深、索非、王蔼史和我这几个工作人员。那天鲁迅先生来开明访问章锡琛，上得楼来，第一脚踏进我们的办公室。我见他穿着浅灰色的长袍，唇上留着一小撮胡子，气概非常温文庄重，有一种极可亲近的样子。他向着我问章锡琛在不在，我很恭敬地告诉他在里面的一间，话还没有说完，

章锡琛听见鲁迅先生来访，连忙撇开座上客，三脚两步地从另一室迎了出来，招呼着让到里边去了。先在座的客人夏丏尊，为了计划出版书刊，正到开明来商量，于是鲁迅先生同时会见了他。鲁迅先生访问完毕，辞出时又通过我们的办公室，章锡琛就为我们一一介绍。其时我正好是一个20岁的青年，见陌生人常现木讷之态。鲁迅先生转过身去，看见开明所出的新书，便随手拿起几本来，问这些书的装帧是谁的作品，这时我才战战兢兢地指着《寂寞的国》、《尘影》和《春日》这几种，说是我所作的。鲁迅先生看了又看，指着这种装帧诚恳地说："不错，设计得很好，受了一些陶元庆的影响是不是？但是有你自己的风格，努力下去，是不会错的。是不是还有其他的作品？给我看看。"我听了这番话，真是受宠若惊，不知如何回答才好。其实我当时所作的装帧还不成熟，更谈不上什么风格，这完全是鲁迅先生奖掖后进的话，我之所以把书籍装帧坚持到现在，鲁迅先生的这一番话，是起了决定性作用的。

20岁时印象深深地刻在钱君匋的记忆版图上。这是钱君匋第一次与鲁迅先生零距离接触，也深深感受到鲁迅先生那渊博的学养和平易近人的人格。应该说，鲁迅对钱君匋的影响主要是在精神层面上的，作为文艺界的一面旗帜，在20岁的钱君匋这个小职员看来是要仰视的，何况这面旗帜竟对自己的作品有所褒奖，这对小职员钱君匋来说，印象自然深刻了。

与鲁迅的交往，有了第一面，自然也有后来的来往，据说，后来钱君匋还随陶

齐白石作

元庆去鲁迅家里看过一些画像拓本，再后来，钱君匋也为鲁迅作品作封面设计。所以，在钱君匋的传奇经历里，去上海这个东方大都市从事文化艺术工作，实在是一件明智和有历史价值的选择。如果当年钱君匋在西湖边购屋成家立业，恐怕与鲁迅这种缘分不会存在，后来也不会在艺术这条路上走下去，自然就不会有后来的艺术大师钱君匋！后来，20世纪30年代初，鲁迅又把囊中羞涩的钱君匋介绍给内山书店的老板内山完造，让钱君匋记账购书，给经济并不宽裕的钱君匋一种长辈般的温暖。所以，与鲁迅的点点滴滴，都让钱君匋一生受用。也正因为如此，感念鲁迅的恩泽，钱君匋在"文化大革命"中的1973年、1974年时偷偷地搜集鲁迅笔名，镌刻鲁迅笔名印谱，在一刀一刀的篆刻中寄托一片茫然的年代里的自己的心迹。

年轻时穿行于鲁迅世界得到的惠泽浸淫了钱君匋一辈子！

在初进上海出版界的这几年，钱君匋通过勤奋和努力，让年轻的钱君匋在艺术界、绘画界、艺术教育界也变得小有名气了，一些文艺界名人觉得他多才多艺，也愿意与他切磋和来往。在写诗和装帧中，钱君匋与陈望道亦师亦友，成为陈望道家的常客。陈望道虽然早年曾

钱君匋设计的封面

大雲庇九州

時而光萬物

于右任作

加入中国共产党，成为中共的创始人之一，后因不满陈独秀独断专横的作风而退出共产党组织，但他在文化界继续从事进步文化事业。而钱君匋，用他自己的话说，他是陈望道编的副刊《觉悟》上的作者，钱君匋的一些诗常在《觉悟》上发表，后来钱君匋为了提高自己的文化水平，还专门去听过陈望道的修辞学讲座。当时陈望道夫人蔡慕辉主编《微音》杂志，陈望道就让钱君匋为之设计封面。所以，陈望道与钱君匋十分熟稔。正因为如此，有一天当钱君匋去陈望道家里时，陈望道正要出门去拜访于右任，便拉钱君匋同行。于是钱君匋有机会去见于右任，后来，钱君匋便成了于右任府上的常客，也就后来钱君匋有了于右任书法作品70多件。巨联"时雨光万物，大云庇九州"、六尺联"险艰自得力，金石不随波"等精品传世与钱君匋的造访有一定关系。但是，钱君匋能够出入国民党政府监察院院长于右任的官邸，民间的说法是，当时于右任在上海新娶的夫人沈氏是钱君匋老家浙江屠甸镇人，正因为有这一层关系，钱君匋成为于右任府上的常客自然就有可能。据说当年钱君匋在老家曾接待过于右任并请于右任为桐乡地方文献《檇李谱》题写书名。也为钱君匋父亲钱希林写过"思源堂"等堂名和对联。

钱君匋的篆刻水平也为于右任所欣赏，所以钱君匋常常为于右任奉上几枚印章，让于右任大为开心，往往此时于右任就挥毫为钱君匋写字。说实在，在于右任看来，钱君匋是个肯学、肯刻苦并且多才多艺的才俊，是忘年交。而在钱君匋看来，于右任是大书法家，他的草书"用笔结构不脱北碑的奇丽、野拙，又兼有三种草书的特点"。钱君匋认为于右任的书法"为五百年来所难得"。所以他在与于右任先生的交往中一方面体味于右任的草书书写心得，从中感受于右任书法的真谛。钱君匋一生收藏70多幅于右任作品，不少是站在于右任身旁的钱君匋全神贯注看着于右任创作出来的，这和用重金购来观摩的效果是大不一样的。所以钱君匋从于右任的书法创作中得到的艺术滋养是不可低估的。另一方面，感受于右任这样大家的气势，在于右任的气场里造就自己艺术的大气。钱君匋对于右任的草书书法，有一段颇具感性色彩的评价：

> 于右任初期的草书，仍旧延续着他写魏书、行书的那种磅礴之气，用笔险劲峭拔，大刀阔斧，有旁若无人的样子。如"典文举威风，明德登大画"一联，及"清思抱明月，高怀对古松"一联，都有横扫千军之势，气魄过人，真若关西大汉，抱铜琶铁板，歌大江东去，令人叹为观止！又如"吟罢江山气不灵，万千种话一灯青。忽然搁笔无言说，重礼天台七卷经"的诗轴，写法较前两联，又有所不同，颇见蕴藉含蓄。这个时期是他草书的前期。他后期的草书，渐入云静恬淡的境界，一变横扫千军的风格，由此更上了一层楼。如"夫君子之行，静以修身，俭以养德，非淡泊无以明志，非宁静无以致远"的立幅，给人的感觉是一潭止水，平静闲适，达到了信手拈来，皆成佳构

手捧鲜花的钱君匋笑逐颜开

张宗祥的题跋

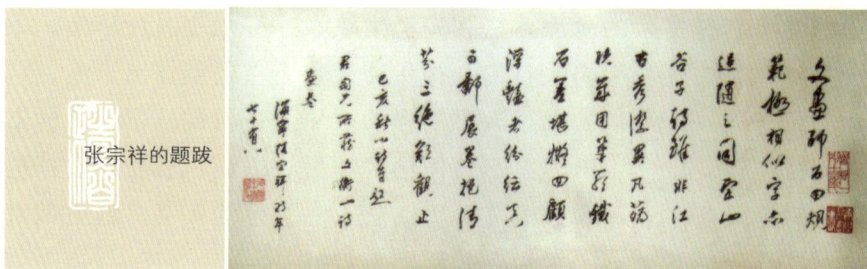

的顶点。到了台湾以后，他的草书更见高雅，脱尽早期的特征，似乎是出于孩童之笔，仙姿缥缈，不可捉摸，随意挥洒，心旷意远。

钱君匋这种观感，是与于右任长期交往心得的自然流露。所以，钱君匋穿行于沪上名流中间，完全是求艺的一种刻苦，而不是攀豪门，想捞一官半职，这一点，假如于右任先生活着，可以作证。

同样，上海这个中国近现代的人才高地，让年轻的钱君匋有更多机会和条件与文化界各个方面名流交往。章锡琛（1889—1969）浙江绍兴人，1926年8月创办开明书店，社址在上海宝山路宝山里60号章锡琛自己的家里，客堂为门市部，楼上为编辑部，职员有赵景深、王蔼史、索非、王燕棠等。钱君匋是次年进开明书店的，主要负责开明书店的装帧——这倒也是发挥钱君匋的专业特长的一种工作。自从1927年钱君匋被章锡琛招进开明书店之后，钱君匋从此与出版结下了终生的缘分。他在开明书店的这个出版平台上，钱君匋的封面设计才有可能成为"钱封面"，成为陶元庆第二；钱君匋的音乐创作和作品出版传播才能成为现实；他自己的《小学校音乐集》就是进开明后出版的；这个平台，也为钱君匋与文化界名流交往建立友谊成为可能，他与鲁迅、郑振铎、茅盾、叶圣陶、陈

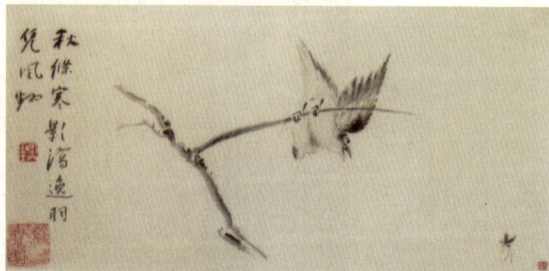

钱君匋捐献

望道、樊仲云、徐调孚、顾均正、周予同、钱经宇、胡愈之、王伯祥、刘薰宇、费幼雄、胡仲持、夏丏尊、方光焘、刘叔琴、匡互生、黄涵秋、裘梦痕等成为友人，这个名单是钱君匋先生自己回忆记录下来的，也是20出头的钱君匋进开明后几年间得到的收获。

钱君匋从这些名流师友中感受到文化氛围，汲收着这些有着渊博学养的师友的为学为人的经验，钱君匋晚年曾说："章老的这些朋友与我都很亲热，我在他们的言说、行动之间得到了不少学识，使我的视野宽阔起来。"可见，这些上海乃至中国的文化精英，对钱君匋终成一代大师的影响不可低估。这一切，都是开明书店章锡琛给予钱君匋的机会。所以，钱君匋对章锡琛有着深厚感情，有着知遇之恩。而章锡琛在开明书店起步阶段就以他绍兴人的远见，成立美成印刷所，将开明书店改造为股份有限公司，在经营发展上深谋远虑，使开明书店业务蒸蒸日上，成为20世纪前半叶中国新文学出版的一个重镇。而章锡琛的这一切经营上的理念思路和做法，同样也让善于学习和思考的钱君匋终身受益。所以现在看来，当年钱君匋在开明的日子里所得到的培养和收获，对他日后成功创办万叶书店以及经营书业打下了一个坚实的基础，即便钱君匋后来回忆章锡琛的文字里虽然没有谈到这一点，其实影响是显而易见的。钱君匋晚年在纪念章锡琛的文章中，

桐乡君匋艺术院一角

提到章锡琛"经营有方"时认为，"看准时代脉搏"的眼光，"与众不同"的出版理念，"精兵简政"聘请有真才实学的人来操持书店业务的做法等等，都对钱君匋以后自己从事经营活动有极大的影响。

文学家郁达夫也是钱君匋年轻时交往的名流之一，才气横溢的郁达夫在钱君匋的印象里却平易近人，郁达夫当时专门到开明书店找钱君匋，请他为《达夫全集》的装帧设计，两人相对而坐，一起谈着《达夫全集》的封面设计的设想，作为小说家，郁达夫对年轻的钱君匋的设计才能十分赞赏，《达夫全集》封面设计出来后，郁达夫十分高兴，专门带了美味食品去犒劳20多岁的钱君匋，让钱君匋感到自己艺术创作成功带来的温暖，留下了深刻记忆。后来，钱君匋还为郁达夫刻过印章，他的篆刻艺术也得到郁达夫的赞赏和肯定。

这是20世纪30年代的事。

在上海开明书店的日子里，20多岁的钱君匋与敦厚温润的夏丏尊先生交往，真犹如醍醐灌顶，让钱君匋想起来都满是幸福的事。钱君匋"在同这位长者的接触中，觉得他满腹经纶，为人正直，和蔼可亲。算起来我们之间的年龄要相差将近20岁，但在工作中一点也没有觉察到他那么大年纪，而我又是那么小的年纪，相互之间，好像是同学一般，无话不谈，不拘形迹，谁也不会对谁有什么隔膜，融洽得像

钱君匋与梅舒适等在篆刻展上

鱼水"。这是钱君匋晚年的一种甜蜜的回忆。这种不分你我的融洽，让钱君匋更有机会零距离接触夏先生，领略夏先生丰富的学养和高尚的人格。当初开明书店出版《李息翁临古法书》，"后记"本拟由夏丏尊撰并书，但到临开印之前，夏丏尊十分诚恳地说自己的字不好，请钱君匋代为书写。后来钱君匋虽然用心抄了两份，但钱君匋也同样用诚恳打动夏丏尊，最后夏丏尊听从小自己20来岁的钱君匋的话，自己动手书写《李息翁临古法书》后记。

后来钱君匋结婚时——1933年，钱君匋仰慕弘一法师的字，想托夏丏尊向弘一法师求字。认真的夏丏尊没有同意，认为把和尚的字拿来挂在新房里不妥当，但看到钱君匋真心喜欢弘一法师的字，不忍心拂逆这个小朋友的

钱君匋作

心愿，便将自己的一幅弘一法师的旧藏割爱赠予钱君匋，并在旧藏"一法不当情，万缘同镜象"的对子上题字，表示因钱君匋仰慕弘一大师的字而检出赠予。这样的真情自然让钱君匋感动一辈子！

夏丏尊赠予的弘一法师书法，钱君匋一直珍藏着，直到"文化大革命"开始，蕴含夏丏尊、钱君匋友情的对子被红卫兵抄走。经过18年劫难之后，弘一大师的真迹又回到钱君匋手里，连钱君匋都觉得"好像有神护着似的"。所以每当提到此，钱君匋就心跳厉害，"我不禁思念着他们俩，泪水也潸然而下了"。其实此种缘分只有相知到

深处才会有的一种情愫。

夏丏尊对朋友的真诚与无私影响了钱君匋一辈子，在与钱君匋交往的过程中，恐怕人人都有一个体会，你有事情向他诉说后，他都会无私地向你伸出援助之手，甚至慷慨给予，在钱君匋的朋友圈里或者后学者里，得到过钱君匋的书画、印品的恐怕不在少数，据笔者所知，钱君匋的家乡桐乡，从一般百姓到乡镇企业家，从文化工作者到机关干部，手头有钱君匋作品的人就不在少数。这种赠予颇有夏丏尊转赠弘一法师对联的精神遗风。

穿行于沪上名流中，让年轻的钱君匋从前辈名流身上学到不少做人、做事的礼数，并在自己的人生修炼中融会贯通。正因为如此，20来岁的钱君匋到上海后，艺术、学识等各个方面突飞猛进，很快在上海滩上崭露头角。这，在钱君匋的人生之路上是一个不争的事实。同时，我们假设，钱君匋在西湖边的某个艺术机关谋生，尽管他也用心刻苦，恐怕他没有机会结识这么多名流，更不可能在艺术上有如此突飞猛进的长进。环境影响和制约，对一个人的成才完全也是一个不争的事实。因为上海是个人才高地，国际化的环境常常能造就大师。当年鲁迅到上海后就定居在那里，茅盾、郁达夫、徐志摩等现代史上众多名流，都是在上海走向世界的。当然这是题外话，不过历史就这样无奈，想改变也难。

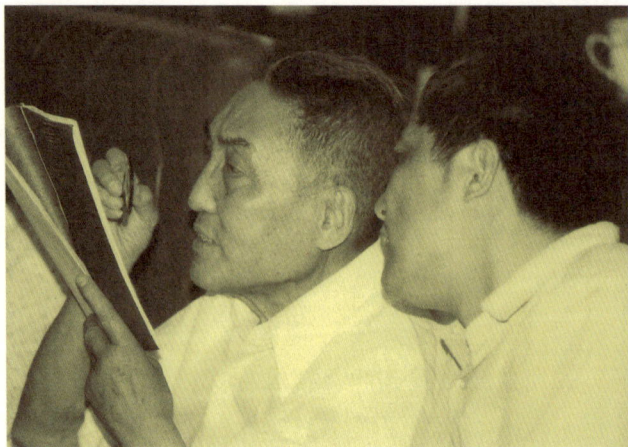

看得仔细点

八、钱封面

初进上海开明书店，让钱君匋站上一个人生的制高点，在上海这个高地上扮演着一个新的角色。今天我们回望钱君匋在走进开明书店之后的身份，是编辑——美术、音乐、文学等等，什么杂活都干的一个编辑，但其中的封面设计，却是初进开明书店时他兴趣所在的一个亮点。

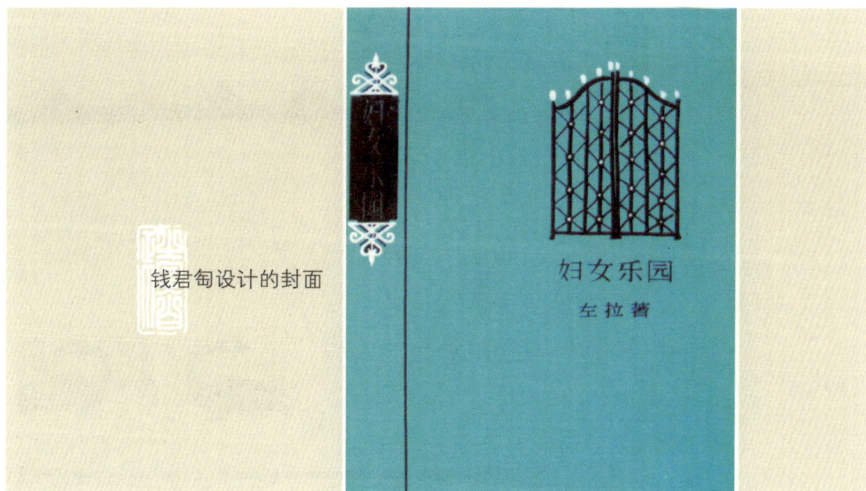

钱君匋设计的封面

妇女乐园

左拉著

说到兴奋处，钱君匋
有些激动

　　受陶元庆影响的钱君匋离开上海专科师范学校之后，对图案设计的喜爱只能在与学生讲课时过过瘾。在海宁县立一小教美术时，估计这瘾过得并不爽，因为学生太小，他的那些艺术上的想法，说出来他们也不懂，这对青年艺术家来说，也是很郁闷的一件事。后来钱君匋到沈玄庐当校长的杭州私立浙江艺术专门学校教图案课，多少让钱君匋有些欣慰，欣慰之余还有意外收获——20岁的钱君匋与一个女弟子有过一场青涩而带甜味的初恋，而这初恋同样也是图案艺术课所作的牵线，他与那些如花似玉的女弟子一起在西湖边写生，一起去城隍山

钱君匋设计的
封面

上散步，一起划船荡漾在西湖里，朝夕相处，所教所学都是艺术上的功课，情窦初开的青年男女相互爱慕，是极自然的事。但像钱君匋在杭州注定在艺术上没有大造就一样，钱君匋在图案课上的初恋也注定是没有什么结果。因艺术而恋爱，也因艺术而失恋，当年的艺术尤其是绘画艺术设计艺术是无法作为谋生的手艺的。所以，当年这位女弟子离钱君匋而去，实在也是社会使然。假如换作今天，艺术家创作的艺术品的价值财富足以让淑女们趋之若鹜。

最终，钱君匋离开那个让年轻人失恋伤心之地，离开那一湖毫无波澜的水面，走进上海这个艺术高地，踏进开明书店的艺术之门，从此，学图案、教图案的钱君匋才真正自己动手设计图案，为开明书店的出版物设计封面。

离开杭州走进上海的钱君匋从此渐入佳境。

1927年，中国政治风云变幻，北洋时代各种政治力量从联合走向分裂，蒋介石夺取革命果实，建立了蒋氏政权，并在上海实行清党，屠杀了一大批共产党精英人物。损失惨重的中国共产党顿时醒悟开始走上武装反抗的道路。

这一切，钱君匋浑然不觉，他在渐入佳境的路上，早出晚归继续着他的艺术探索。

陶元庆那种对封面设计倾注自己艺术理想、美学理想的时代追

为故乡的青少年
示范一下

求，深深感染着钱君匋。同时，与陶元庆良好的亲密关系，让钱君匋更有机缘、更有热情忘我地投入到封面设计当中去。

章锡琛的年纪比钱君匋大，生于1889年，比钱君匋大16岁，所以他在钱君匋眼里，是一个长辈式人物。他对钱君匋的培养是鼓励。用现在的话来讲，是压任务，让钱君匋去完成任务中体现自己的美学思想和价值追求。当章锡琛将设计《新女性》杂志封面的任务交到年轻的钱君匋手里时，钱君匋就暗自下决心，一定要把这本杂志封面设计好！钱君匋是个求新求变的人，他在设计《新女性》时，脑海里忽然想到岁月，想到年，一年十二个月，一个月一本杂志，十二本杂志就是一年。一年有春夏秋冬四季，杂志是记录人间岁月的喜怒哀乐的，这又好比自然天象的阴晴圆缺，想着想着，钱君匋对《新女性》封面的设计，突然在脑海里冒出一个一年四季的想法，何不用春夏秋冬四

在桐乡君匋艺术院奠基典礼上

观展

季的理念来设计呢！钱君匋的想法立刻为同样求新求变的章锡琛先生所认同。钱君匋为《新女性》设计的春夏秋冬四帧封面，据弘征先生在《有老声华蜚艺林》一文描述："春季的封面，以乳黄色为底色，黑色的燕子在柳叶间飞行，表现出一派生机勃勃的春景；夏季以湖蓝为底色，淡绿的芭蕉在细雨中摇曳，一只淡咖啡色的蜻蜓徜徉其间；秋季以深咖啡色为底色，秋菊岸然盛开，表现出萧瑟的秋、然而并不是凄清的神韵；冬季以乳灰为底色，常绿树苍绿不凋，无名的小白花勃然怒放，表现出虽是冰封大地，而自然界生命力依然。"显然这是一年四季不同封面寓意以及它的艺术意境，反映出钱君匋年轻人的生命追求和审美观。它们别致而又简洁，朴实而又大方，单纯而又时尚的艺术效果，让读者眼睛一亮，老杂志的华丽转身，让开明书店老板们感到莫大的欣喜。章锡琛没有想到：钱君匋会如此用心！会设计出如此契合时代进步要求的封面！

似乎从此以后，钱君匋的封面设计，走进了一个自由的王国，封面设计的"业务量"直线上升，鲁迅表扬鼓励钱君匋这个20出头的小伙子，上海滩上的大杂志《东方杂志》、《小说月报》、《妇女杂志》、《教育杂志》和《学生杂志》都来请钱君匋设计封面；鲁迅不仅表扬而且将自己的书让钱君匋去设计封面，茅盾、叶圣陶、胡愈

穷原竟委

钱君匋、陈学鎏新婚后与尹耀
明、薛珊、秦邦范合影

之、郑振铎、丰子恺、巴金、陈望道等名人都愿意把自己的作品请钱君匋来设计封面，一时，钱君匋的设计成为上海文化出版界的一件值得叙说的风光事！钱君匋晚年曾回忆说：

......

十八岁那年，我读完了艺术师范，学过两年音乐和绘画。鲁迅的同乡好友章锡琛创办了开明书店，聘请我做美术

与篆刻家高式熊在一起

音乐编辑。从此，我正式开始搞书籍装帧专业了。那时候，伟大的五四运动带来了新文化的勃兴。我在当时全国出版中心的上海，荣幸地接触过许多新文化运动的旗手、老将，包括鲁迅、郭沫若、茅盾、叶圣陶、胡愈之、郑振铎、丰子恺、巴金、陈望道等。他们出版的集子，绝大部分由我来设计装帧。我高兴地看到，在反帝反封建的斗争中，书籍装帧艺术作为一种轻武器，为打击旧世界，迎接新社会出力助威，作出了一定的贡献。当年第一批由我装帧设计的新文学作品，一经发表就引起了全社会的关注。我记得这些作品有：湖畔诗人汪静之的诗集《寂寞的国》，小说家黎锦明的短篇小说集《破垒集》、《尘影》，茅盾的《欧洲大战与文学》、《雪人》，胡愈之的《东方寓言集》、《莫斯科印象记》，周作人的杂文集《两条血痕》等。鲁迅说："钱君匋的书籍装帧能够和陶元庆媲美。"这话当然是对青年作者的热情鼓励和扶植。我给茅盾的弱小民族短篇小说集《雪人》所设计的封面，运用了新的技巧，有一点诗意。我着眼

但愿人长久千里共婵娟

钱君匋刻

于"雪"，把雪花放大，加以夸张变形，再配上日光反射的色彩，形成了一个新颖的图案，而不是原著的简单图解。茅公觉得这个设计颇有别出心裁的地方，夸奖了一番。……

书籍装帧并不是什么雕虫小技。它给一部作品装上了"扩音喇叭"，以形象、色彩等造型手段，向广大读者揭示作品的内容和精髓，扩大了社

桐乡君匋艺术院

会效果。优良的书籍装帧，可以提高读者的读书兴趣，起到"打击敌人，教育人民"的作用……

尤其是钱君匋的良师益友陶元庆在1929年8月6日去世之后，钱君匋在出版界成了新文学作品装帧设计的翘楚，大量的作品封面设计都纷至沓来，让钱君匋应接不暇，所以当时朋友们打趣钱君匋，称他的装帧设计是"托拉斯"，称他为"钱封面"。

其实，钱君匋当年对封面设计的执著是事实，但是他回忆说好的封面设计能起到"教育人民"或许有可能，但有"打击敌人"的作用却未必。因为再好再优秀的封面，不可能起到打击敌人的作用的，即使是敌人，见到好的封面设计就感到一种"被打击"的感受，似乎古

今中外还没有一个例子，恐怕20世纪80年代初钱君匋的语言体系里，还留有"革命"的意识。语言惯性在起作用，我们自然不必计较，顺便一说而已。

钱君匋回忆说他为新文学作品封面设计也是实情，因为当初这些新文学作家与钱君匋在艺术情趣上有共同语言，况且都在鲁迅这面旗帜下，自然相互帮衬相互扶持较多了。但是，钱君匋的第一幅封面设计究竟是谁的作品，钱君匋一生共设计封面数以千计，半个多世纪的绘作——不像现在封面设计都是在电脑里完成的，跨度之长数量之多在书籍装帧史上同样是一个绕不开的存在。所以，钱君匋第一幅封面对钱君匋一生，尤其是对"钱封面"这个雅号而言，非同一般。

从钱君匋回忆、自述等史料看，钱君匋进开明书店后，专门负责开明版图书的封面设计。他曾在一篇谈往事《忆章锡琛先生》的文章里提到过自己进开明书店后设计的第一本书，他说："我进'开

桐乡君匋艺术院

钱君匋弹琴后小憩

明'去搞美术、音乐编辑，还担任'开明'的整个装帧工作。我处女作是为汪静之的《寂寞的国》作的封面设计，这个设计曾得到鲁迅的赞许。"钱君匋这个回忆没有错。所以今天追溯钱君匋艺术之路时，可以认定钱君匋进开明书店后设计的第一幅封面是湖畔诗人汪静之的诗集《寂寞的国》，相信这是不争的事实。因为"第一"对艺术家是至关重要的一个序数，这"第一"做好了，才有第二、第三，何况是钱君匋这样有抱负和艺术理想的人，自然对此记忆深刻。至于受到鲁迅好评，则是1927年鲁迅去开明书店访友——访章锡琛。那天钱君匋正好在开明书店，鲁迅见到新出版的《寂寞的国》、《尘影》、《春日》等新书，向来重视书的装帧并有自己深刻见解的鲁迅当着钱君匋这个年轻人的面，肯定了他的封面设计，并认为有点陶元庆的影响。这一针见血的评价，尽管鲁迅不知道陶元庆与钱君匋在一个宿舍生活过两年，因此让钱君匋终生不忘，他认为在封面设计上走出自己的一条新路，应归功于鲁迅的指点和鼓励。所以，知恩图报的钱君匋，直到晚年，还在为宣传鲁迅而奔波。

回到钱君匋这第一幅封面——《寂寞的国》，其实是一本薄薄的新诗集，作者汪静之先生是20世纪20年代有名的青年诗人，他是中国第一个新诗社团湖畔诗社的主要代表，他比钱君匋出名早，年长五

桐乡君匋艺术院展厅

岁，他的爱情诗率真直白，深受当时知识青年的喜爱。当年钱君匋写爱情新诗同样率真直白洋溢着湖畔诗社的气息。当时这些对生活充满热情激情的年轻人常常视写诗为生命的一部分。汪静之在《寂寞的国》的"自序"中说："而且诗是我的生命的一部分，我在做诗便是在生活。我要做诗，正如水要流，火要烧，光要亮，风要吹；水不愿住了它的流，火不愿息了它的烧，光不愿暗了它的亮，风不愿停了它的吹，我也不愿止了我的唱。"个子小小的汪静之胸怀里充满了生活的激情，这激情也深深地感染了封面设计者钱君匋。当年冯雪峰曾对汪静之当面评论过，说汪静之是心地善良但胆小怕事，敬仰革命家但做不了革命家。联想此时的钱君匋何尝不是这样。不过钱君匋有艺术天分，他即使参加打土豪劣绅仍不忘也不放过其设计及书法锻炼的机会，在劣绅家里的门上书写革命标语。

然而作"书衣"一发而不可收的钱君匋在开明忙得应接不暇，其时的钱君匋，"书衣"装帧可谓声名鹊起，尤其是新文学作家及一些大型刊物的装帧广获好评之后，朋友们担心钱君匋粗制滥造，影响钱君匋在艺术上精益求精，于是由章锡琛牵头，约了丰子恺、夏丏尊、邱望湘、陈抱一等人，为钱君匋订立一个《钱君匋书籍装帧画例》，设立一个求设计封面的门槛，丰子恺还为"画例"写了"缘起"。这个"画例"与当今时代画家的"润笔"有很大不同，当今不少"润

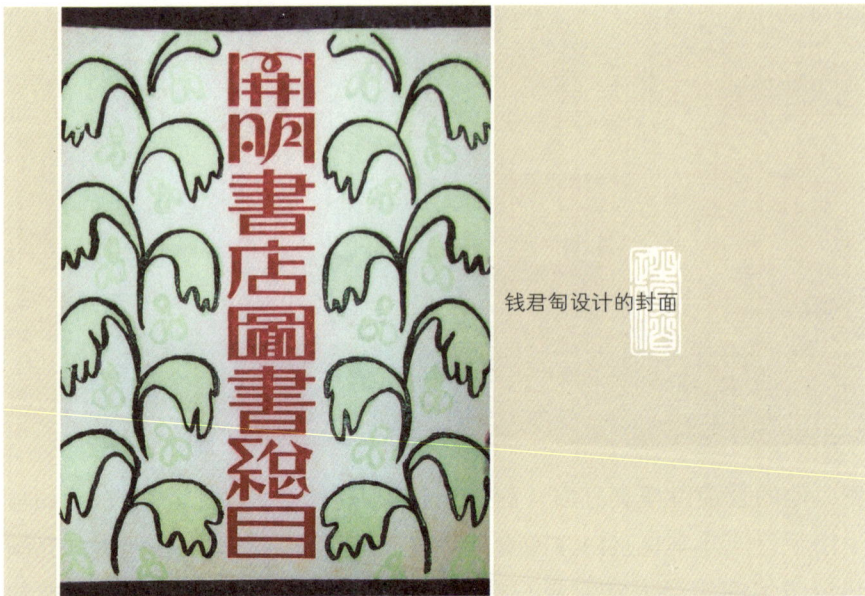

钱君匋设计的封面

笔"费一般都开门见山，直陈"一平尺"多少多少人民币，满纸是钱；而当年钱君匋这个"画例"，也讲钱，但并不是满纸是钱，而是满纸是艺术，满纸是精神。这里不妨抄录"画例"文字：

> 书的装帧，于读书心情大有关系。精美的装帧，缘系该书的内容，使人未开卷时先已准备读书的心情与态度，犹如歌剧开幕前的序曲，可以整顿观者的感情，使之适合于剧的情调。序曲的作者，能撷取剧情的精华，使结晶于音乐中，以勾引观者。善于装帧者，亦能将书的内容精神翻译为形状与色彩，使读者发生美感，而增加读者的兴味。友人钱君匋，长于绘事，尤善装帧书册。其所绘书面画，风行现代，遍布于各书店的样子窗中，及读者的案头，无不意匠巧妙，布置精妥，使见者停足注目，读者手不释卷。近以四方来求画者日众，同人等本于推扬美术，诱导读书之旨，劝请钱君广应各界嘱托，并为定画例如下：封面画每幅十五元、扉画每幅八元，题花每题三元，全书装帧另议，广告画及其

老朋友相见，
分外开心

他装饰画另议。一九二八年九月。

这则"画例"发表在1928年9月号的《新女性》和《一般》杂志，两个杂志同时刊发，可见影响不小。更让人感到温暖的是，称钱君匋这个21岁的青年人为"友人"的竟是上海名流：丰子恺、夏丏尊、邱望湘、陶元庆、陈抱一、章锡琛等。"画例"公布的同时，还附了一个"三不画"，即：第一，非关文化之书籍不画；第二，指定题材者不画；第三，润不先惠者不画。

"钱封面"并不是凭空而来，而是钱君匋刻苦钻研，自己趟出一条封面设计艺术之路的结果，也积累了值得后人汲取的经验，这里，不妨看一些钱君匋艺术世界里有关封面设计书籍装帧的经典经验之谈：

晚清的一些通俗小说，已采用活字排印，平装形式，在封面上大都印着彩色的绘画。在此以前，在封面上印绘画是从来不曾有过的，因此，把它看作书籍装帧中封面画的萌芽，也未始不可。

和晚清通俗小说的封面差不多同时出现的，还有一种健康的封面设计。……这种封面设计，最初是在鲁迅所印的

书上出现的。他早年用文言文来翻译的《域外小说集》，这在他的文学事业上，是特别值得珍重的早期文献。此书1909年出版于东京，用的是青灰色的封面纸，上端饰以带状的图案，作一胸像侧面希腊妇女，在迎接初升的太阳，技法颇为雅洁精练。紧靠它的下面，用圆润秀挺的篆书，右起横写书名《域外小说集》五字。下端以较小的字标明册次。这个设计，使人感到庄重完美，可以列入佳作之林。

第一卷的《新青年》，还用《青年杂志》这个名称，其封面为彩色套印。这个设计把书面分作三截，上边的一截，在一个长方的框子里，画了一排坐着念书的青年，以一行五线谱作为框子下边的边缘；中间的一截，用花边作成马蹄铁的形状，其中印了外国名作家等像片；横在最下部的一截，把出版者及其出版地点组织在一行带状花边里。《青年杂志》四字，用红色的图案字，放在中间一截的右边，绚烂夺目，卷数期数放在左边，在这上面加了一个雄鸡报晓的标帜。整个看来，整齐而有变化，不论在结构上、色彩上，都很醒目。

我觉得书面装帧要有东方的、中国的

钱君匋设计的封面

气派，把古为今用这句话体现出来，取得我国古代的铜器和石刻的纹样，是大有可为的。不但如此，凡我国古代优秀的绘画、书法、工艺品、服饰等各方面遗留下来的东西，无论是造型、结构、色彩、线条等，都可以在设计书面时，根据实际需要，融会化合到创作中去，成为现代的有民族特色的装饰作品。

我国的书籍装饰，和其他各门文学艺术的传统有着相应的共通关系，属于东方式的淡雅的、朴素的、不事豪华的、内涵的风格。书籍装帧这个名词是外来语，含义包括一本书的从里到外的各方面的设计，即书的字体、版式、扉页、目次、插图、衬页、封面、封底、书脊、纸张、印刷、装订，以及书的本身以外的附件，如书函、书箱之类等等。

把书籍内容高度概括而成为形象的，则如鲁迅的《朝花夕拾》、《彷徨》等。其中有一本《坟》，鲁迅写信请陶元庆设计时，指出只要作为书籍的装饰，可以与书的内容无关，但陶元庆却没有根据鲁迅的意愿，为他作出了现在大家所见到的那本《坟》的封面设计，其中有树木、棺材、土坟

时任浙江省委书记李泽民参观君匋艺术院

等的形象。可以说一反鲁迅所提的建议，而采用了把书的内容高度概括成为形象的那种手法，设计出了这个优秀的作品。陶元庆之所以能取得这种独特的风格，不是单靠孤立的绘画技术，而是靠善于从书籍装帧之外求书籍装帧。

我研究音乐，就要把音乐的旋律、和声、节奏、音色等，想尽方法和封面设计结合起来。当然，音乐语言不就是绘画语言，也不就是封面设计语言，但它们有一个共性，可以相互影响，相互运用。封面设计，也应该有旋律，有节奏。音响效果等于色彩的效果。如果把从事音乐创作的手法，用到封面设计中去，所取得的效果一定会不同寻常。

我用新的技巧来创作封面，更是不少，例如我为沈雁冰的《雪人》一书所作的封面，只着眼于雪这一事物，把雪放大了。如果如实地把它描写成六角的雪花，当然未

钱君匋与沙孟海

始不可，但总觉得太嫌写实了，和科学的图解没有什么区别。因此，我通过意匠，把它变化成为似而不似的样子，再加上日光反射的色彩，形成了《雪人》的封面。又如为巴金《新生》所作的封面，我在石砌上从日光的影射中画出一枝小草，来象征新生，这种新生说明是艰苦的，不容易的，是从石砌的缝隙中强硬地生出来的。技法不用由浓到淡的照相式的层次，而用无数细点来表现疏密浓淡，这就觉得新颖而有艺术意味了。

封面设计，顾名思义，总要有浓厚的书卷气，要含有一种内在的感情，要有曲折，要有隐晦；不能直截了当地和一般绘画那样地写实。每一个画种都有它的特具的个性，这种个性是无法混同起来的。即使运用了一般的绘画，也要思索一个方案，使它能够适合于书籍的精美的装饰。随便用一幅什么画放到封面上去，这种不动脑筋的作法应该反对。封面设计不等于任何自然画，不能随便让哪一个画家随便拿一幅来胡乱放上封面去。如果一个封面设计得和一般商品一样，仅仅着眼在说明商品本身，拿商品炫耀人的耳目，也过于浅薄。

书籍装帧又像是一具高级的扩音喇叭，要把书的内在精神溶化在用点、线、面以及色彩所构成的画面上，正确清晰地传达到读者的心中，从而使读者理解书的内容的大概轮廓，引起再读的兴趣。装帧是书籍的美丽的外衣，起到装饰的作用，能使读者见了喜爱，爱不释手。好的装帧，放在橱窗里或者书架上，因其突出，一定会被读者首先看见。书籍装帧虽然看来是一件不那么大的作品，但形成却是不容易的，而是比较艰辛的。

钱君匋以上这些深刻见解，是他有关书籍装帧的精彩言论的一个

零头。钱君匋作为一个封面设计大师，一生设计1700多种书面——但这也是大约估计，各种各样的封面设计中倾注了钱君匋的审美理想、审美情趣；同时，钱君匋又是一个善于从前人、巨人的思想成果里汲取营养，丰富自己的封面设计理论，不断探索、不断攀登、不断创新，"钱封面"是一个内涵丰富、思想全面、名副其实的雅号，也是钱君匋在艺术上刻苦创新为世人认可的尊称。

九、万叶书店

钱君匋在开明的这个阶段生活对他一生来讲是十分关键和重要的。这个阶段的生活经历，让钱君匋从一名无名小卒在上海滩一跃而成为能够穿梭于沪上名流之间的知名美术编辑。这个时期也实现了钱君匋一个文学青年渴望表达自己理想的梦想，他的许多作品在开明书店这个出版平台上得以问世，包括音乐、

万叶书店部分员工合影

诗歌等，成为新诗界一个引人瞩目的新诗人。但是钱君匋在这个开明书店里，也踏进了出版属性的另一面，他看到了太多的出版前辈的社

回故乡看新人成长是钱
君匋晚年的一大乐事

会责任和经营智慧，从选稿、编辑、印制到发行营销，诸多的生产销售环节中，常常让钱君匋体会到成功的快乐。所以他努力揣摩、思索。父辈经营中前卫、精明的特点遗传在钱君匋的血液里得到慢慢地发酵成长，他在这个艺术领域里看到了社会责任的另一面：创新经营理念的养成。所以，开明书店的几年职业生涯，对钱君匋一生至关重要！

也就是钱君匋在开明书店努力的时候，国内社会暂时稳定，让上海的文化产业得到迅速发展，上海书店业似雨后春笋，福州路一带已经自然形成了文化一条街。笔者没有详细考证，如果讲近现代上海文化产业在整个GDP中的比重，估计20世纪30年代，恐怕是上海历史上最高的，这并不是厚古薄今，而是特殊时代的宽松环境，特殊地理位置的特殊条件，让当时的进步文化始终占有有利位置，让文化一直处在活跃的水平。同时，当时的经济水平不高，其他的产业条件水平很低，从而反衬出当时文化产业的高比例。

但是，从开明书店而言，伴随着上海文化的发展，日趋激烈的竞争，让开明书店的经营策略与进步文化走得更近了。本来因为鲁迅的关系，开明书店已经在新文学界有了良好的关系。所以，在日趋激烈的形势下，一大批新文学扛鼎之作如《子夜》等，都汇集到开明书店的旗帜下。钱君匋在这个文化发展的高潮里，有幸结识新文学作家。为他日后的发展奠定了丰厚的人脉资源，鲁迅、茅盾、丰子恺等一大批进步作家的作品在开明书店出版，赢得了市场也赢得了读者。

1931年，钱君匋因在外兼课过多，对开明书店的业务无法照顾，钱君匋就提出辞呈，章锡琛舍不得钱君匋离开，开明正在鼎盛时代，所以章锡琛给钱君匋更宽松的环境。有情有义的钱君匋二话没有，继续在开明书店服务。一直到1934年钱君匋才正式离开开明书店。

这一年，钱君匋29岁。

在开明书店工作六七个年头的钱君匋已在上海滩上崭露头角并成为上海出版新秀。对此，钱君匋晚年带着深厚的感情，回忆在开明书店的岁月，他说：

> 我在"开明"的七年时间里，熟悉了编辑出版的业务，实际工作锻炼了我，培育了我，使我成为一员还算合格的编辑出版工作者。同时，我在书籍装帧上立稳了脚，对音乐的编辑出版也有了一定的经验。这些于我是没齿不忘的。

钱君匋某些方面也是性情中人，他敬业有时到了刻苦的程度，他一心向艺，已经到了持之以恒、拼下身家性命为代价的程度，他记恩，哪怕滴水之恩，他都铭记一辈子。

抗战爆发后，钱君匋经历了一段逃难生涯——他把这段逃难生涯写成散文，以《战地行脚》为书名结集出版。其中真实、细腻地记录了抗战爆发之后自己的奔波逃难行踪。后来，钱君匋从武汉到广州，再到香

看到故乡的小书法家的作品，钱君匋脸上漾出开心的笑容

港。然后夫妇俩回到上海。但是，就是这次逃难生涯，让钱君匋萌生了办出版宣传抗日的想法，他在武汉时，见到在抗战中奔波的郭沫若，在长沙听到过郭沫若、茅盾等慷慨激昂的演讲，让钱君匋这位30出头的年轻人热血沸腾。后来到广州，但广州很快硝烟弥漫起来，钱君匋只能带着满腔热血，经香港回到上海。据说他在香港时，钱君匋去看望老乡茅盾，茅盾十分关心地询问钱君匋家里的情况，让深受战乱年头离乱之苦的钱君匋感到无比温暖，所以他想回家，他的两个儿子星散在江阴和屠甸呢，他想回上海，为这个多灾多难的民族做点事情。

上海往日繁荣的文化出版业，经过日本侵略军炮火的摧残，此时已经萧条，尤其是进步出版机构此时大多已经内迁，进步出版物更是少得可怜。相反，许多"汉奸文化"却充斥市场，毒害读者。同时，逃难返沪的钱君匋虽然觅得老饭碗——在澄衷中学教书，但战火中的学校学生锐减，连累老师的薪水。据说此时已身为人父的钱君匋的月薪只有12元，这对钱君匋来说连养家糊口都困难。所以今天我们回顾钱君匋的传奇经历和文化贡献时，就会突然发现，钱君匋当年在沦陷区上海创办万叶书店，一方面是钱君匋想为抗日尽一点力，另一方面也是被无奈的生活逼出来！试想，如果当年钱君匋逃难返回上海，有一份优厚的工作，全家生活无忧，恐怕钱君匋不会呼朋唤友集资办书店了。自然，钱君匋选择出版，还有他内心深处始终挥之不去的"开

上个世纪八十年代回
故里时与乡亲合影

"明"情结，一旦有了萌芽的机会，首选当是"开明"留下来的情结反应，走章锡琛的发展之路。

钱君匋在《略谈万叶书店》的自述里，曾经说过：

> 这几个青年，有的从事音乐工作，有的从事美术工作，有的从事中小学教育工作。他们都满怀着抗日救国的热忱，想为祖国出一些力，在抗战不久便成为"孤岛"的上海，觉得不能无所作为，但又不能赤膊上阵，在相互议论下，决定在各自的本位工作之外，再搞一点副业——出版事业。用出版事业这个工具来为抗日救国作些鼓动宣传，以配合当时的形势，作为自己对祖国的一些小小的贡献，于是诞生了这家小之又小的万叶书店。

自然，因为专业、能干，这个"小之又小的万叶书店"很快解决了几个年轻人的生活困难问题。钱君匋先生在另一篇《"孤岛"文艺钩沉》一文中说过：

> 抗战一起，我离开上海，到内地兜了一转，再经香港回来，仍旧在澄衷中学教书。因为收入不够维持生活，就约了李楚材、季雪云、陈恭则、陈学慕，连我五个人，在

在君匋艺术院奠基仪式上讲话

业余办了一个不成其为书店的书店——万叶书店，出版一些小学校用的美术和音乐方面的教材，生意倒不错，于是就站住了脚。

不过让钱君匋没有想到的是，万叶书店"小弄弄"开始，竟然在"孤岛"上迅速成长起来了，这就不能不归功于钱君匋的经营功力了。

万叶书店，为什么叫万叶书店？是万页？指代书籍的厚重？还是另有寓意？钱君匋在所有回忆里有没有说起。笔者曾请教万叶书店老员工丰一吟女士，她似乎也没有听人说起过。"万"字向来在中国的汉字里是最高最大的一个量词，皇帝想长寿称万岁，其实万字后面还有亿，但万字已经够了；所以"万叶"，也是钱君匋对出版规模上期盼达到的一个顶级愿景。当然这是我的一个猜想。

至于万叶书店的创办同人，钱君匋先生文章倒有中多次提及。

钱君匋在《略谈万叶书店》一文中说：李楚材、陈恭则、陈学藜、顾晓初、季雪云、钱君匋"大家都在节衣缩食的情况下，各拿出一百元来，作为出版工作的资金，所以万叶书店刚诞生的时候，其规模是小到不能再小了。经过协议，由我担任经理兼总编辑。陈恭则、李楚材、顾晓初任编辑及推广，陈学藜任会计，季雪云任总务"。因

与胡治均在新加坡

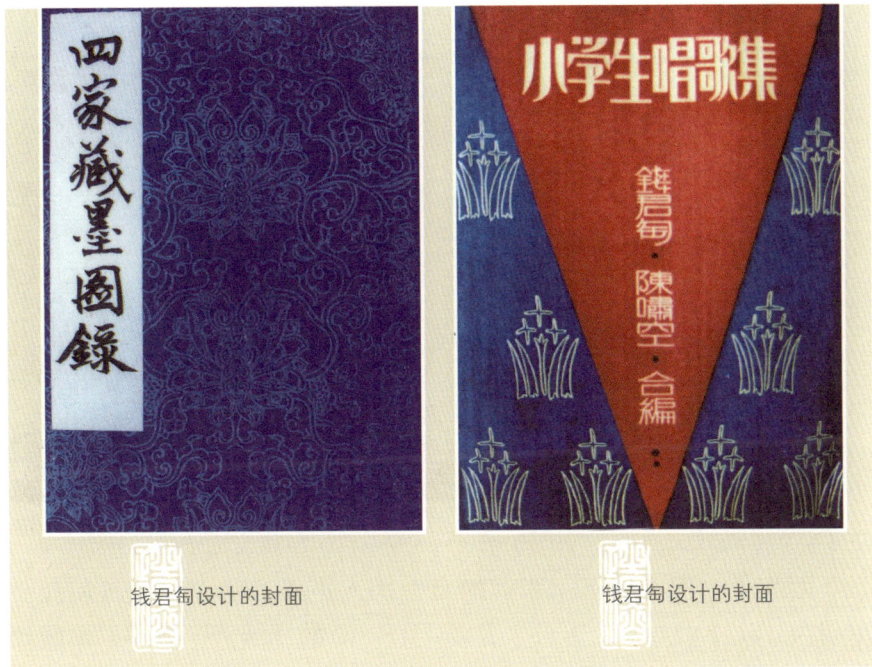

钱君匋设计的封面

钱君匋设计的封面

此，这六个年轻人创办起万叶书店，拉开了这个后来在中国现代出版史上能够占一席之地的出版帷幕。

但钱君匋在《"孤岛"文艺钩沉》一文中，却说是五个人"在业余办了一个不成其为书店的书店——万叶书店"。他说的五个人是李楚材、季雪云、陈恭则、陈学鬃、钱君匋，缺少一个顾晓初。为什么没有提顾晓初？是忘了？还是另有原因？

在钱君匋晚年手订的年谱里，说到创办万叶书店时，他是这样说的："在港居约半月，乘法国轮船即杜斯号回沪，仍在澄衷中学教书，以钟点甚少，月薪仅12元，于是与李楚材、季雪云、顾晓初、陈恭则、陈学鬃等五人创办万叶书店，……"这里讲的显然是他与其他五人创办万叶书店。那么，在《"孤岛"文艺钩沉》一文中，顾晓初是回忆中遗漏了。因此，还可以肯定，万叶书店既是钱君匋抗日的感召下想为抗日出一份力，也是经济拮据的窘迫之下倡议创办的，创办初始有六位年轻人，他们是：钱君匋、李楚材、陈恭则、顾晓初、陈

学辇、季雪云，他们当初的股本是每人出资100元；分工列表如下：

钱君匋　经理兼总编辑

陈恭则　编辑

李楚材　编辑

顾晓初　编辑

陈学辇　会计

季雪云　总务

1938年7月1日，万叶书店在上海海宁路咸宁里11号悄悄地诞生了。

钱君匋设计的封面

起步了，但书店下一步如何走？别人不甚了了，但钱君匋却心里明白，从小做起，"万叶"是从一页一页的"活页"做起，出版社在没有能力出整本书的条件下，钱君匋做起散页的文章，编印《小学生活页歌曲选》，因为这样的经营方式，印量可多可少，时间可长可短，规模可大可小，完全是因市场而定。岂料，这《小学生活页歌曲选》一印行面世，立刻受到沦陷区学校学生的欢迎。于是，一炮打响的活页歌曲选，成为万叶书店几个年轻人掘到的第一桶金。

活页歌曲选的营销成功，让钱君匋对教育市场的开拓有了新的计划。钱君匋组织教育界有经验的老师编写中小学学生的课外读物，这项工作，正是钱君匋他们几个年轻人的强项，因为李楚材本人就是位

钱君匋设计的封面

育中学的校长，对编写、把握中小学学生课外读物，他们都是行家里手。据《钱君匋传》介绍，当初钱君匋他们编的教辅主要有《国语副课本》、《算术副课本》、《常识副课本》、《小学生画帖》、《儿童画册》、《中小学图画教学法》、《中小学音乐教学法》等等。估计当时钱君匋他们出版的教辅远远不止这些的。

　　钱君匋开始是想以书店的经营来补贴家用的，估计他一开始也并没有想以此为主业，没有想到一开手却如此得心应手，开张大吉！教学辅助教材让钱君匋趟出一条万叶书店发展的路子。但是，钱君匋毕竟不是一个唯利是图的上海滩上的小商人，他是有情怀、有抱负，也有才气的文化人，所以当他掘得第一桶金、第二桶金以后，他怀着的文学情怀逐步将视野拓展到抗战文艺领域。当时钱君匋曾经教书过的澄衷中学王鹏飞等几个高中生看到山河破碎的国家，私底下悄悄地组织一个"野马文艺研究会"，想用文艺的手段抗日，他们找到自己的先生钱君匋，希望万叶书店出版一份《文艺新潮》的刊物，钱君匋觉得此举与自己的抗日爱国情怀不谋而合，欣然接受王鹏飞等几个学生的建议，同意出版《文艺新潮》。于是在万叶书店开业的两个半月之后的1938年9月16日正式出版《文艺新潮》创刊号。钱君匋以"宇文节"的笔名担纲主编。

　　其实，从产业角度看，这不仅仅是办个杂志，过过文艺瘾，而是

1993年与巴金等合影

因为有这个杂志，激活了钱君匋十多年累积的人脉资源，因为钱君匋不仅需要大量教育界的人脉资源，也需要文艺界中大量人脉资源，这些资源也同样是万叶书店发展的根基。

钱君匋深谙此道。

事实上，《文艺新潮》的创刊，就团结了一大批左翼作家，也提升了万叶书店的品牌。巴金、许钦文、林淡秋、关霞、罗洪、叶君健等作家成为《文艺新潮》上的常客，钱君匋还在《文艺新潮》上独家刊发了不少鲁迅书简，成为当时沦陷区上海的空谷足音。后来，钱君匋还聘蒋锡金参加《文艺新潮》的编辑事务，蒋锡金是当时中共地下工作者。蒋锡金先生晚年写过一篇长文。回忆万叶书店的那些日子，其中讲到编辑《文艺新潮》时说："我的参与这个杂志的编务，主要是钱君匋要我帮助他组稿。……因为这个刊物既有它的存在意义。就应帮助他维持下去，办得它更适合于当前的需要些；我同时正参与党的'文艺工作中心小组'的活动，和当时的文艺界接触较频繁。对有些同志的写稿和翻译作品的想法，我的心里也有数，只要一动员就能到手；……再如，我那时还在协助适夷在上海编《文艺阵地》，所以，两个刊物的稿件作适当的平衡和调剂也是方便的。"

钱君匋通过《文艺新潮》表明了自己的抗日、进步的立场，受到进步作

夫唱妇随几十年，在自家小院里合个影

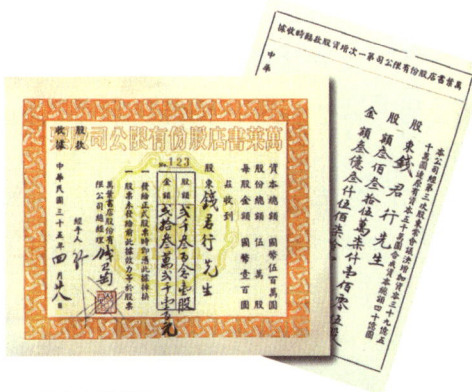

万叶书店的股票

家的欢迎和支持。于是，钱君匋又顺势而上，借杂志的品牌编辑出版"文艺新潮小丛书"，正式迈入正规出版机构行列。普式庚的《茨冈》（瞿秋白译）也是作为文艺新潮小丛书之一出版的。普式庚，今天突然看到这个旧译名字，肯定说没有见过，其实就是大名鼎鼎的普希金。此外还有丰子恺的漫画集《大树画册》等。第二辑有庄瑞源的《香岛祭》、梅菫的《里程碑》等。同时，钱君匋假借美商美灵登出版公司和香港美高未名书店的名义，出版记录抗战历史的《第一年》、《第二年》两部文集，深受读者欢迎。但是，在沦陷区的上海出版如此抗日的作品集，是要冒极大的风险的，所以

钱君匋设计的封面

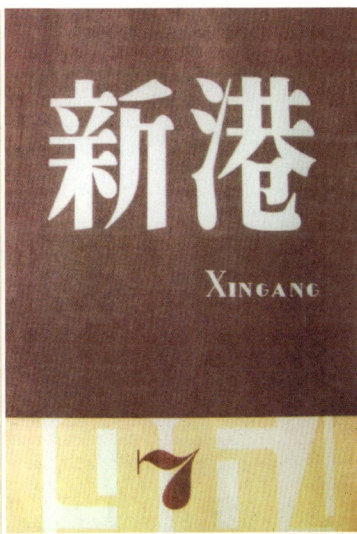

钱君匋设计的封面

在深受读者欢迎的同时，日本宪兵也闯进了万叶书店，幸亏钱君匋已将《第一年》等已印好的书转移到了别处，宪兵没有查到真凭实据，只好将钱君匋带到宪兵队问讯后放人。

步入规模出版之后，钱君匋在书店规模上有了更高的目标，他不再满足于作坊式的出版规模，而是以股份公司形式扩大规模，消息一发布，盐商陆海藩、书法家费新我等社会名流纷纷入股万叶书店，万叶书店也正式更名为"万叶书店股份有限公司"。实行公司化运作后，让钱君匋的经营魄力得到空前的发挥，他利用名人效应，继续编辑进步作家的畅销书，出版"万叶文艺新辑"丛书，从当时出版的部分作者阵容看，就可想见其成功。有茅盾、丰子恺、凤子、巴金、王西彦、梅林、舒湮、索非、靳以、蹇先艾、臧克家、李广田、顾均正等等，自然，这样的丛书作者阵容，让万叶书店的经营达到了一定高度。现在我们可以想象，如果钱君匋在鲁迅先生活着的时候办万叶书店，凭钱君匋的经营能力，鲁迅先生肯定会慨然拿出自己的作品支持钱君匋的。

有关万叶书店的史料收集整理工作，目前的出版史专家们还未引起高度重视，成果也不多。从现有史料看，万叶书店在20世纪三四十年代编过"文艺新潮小丛书"和"万叶文艺新辑"两套丛书外，似乎还有几种丛书——"万叶画库"和"万叶儿童书库"。其中这套画库

1946年丰子恺、钱君匋西湖合影

桐乡君匋艺术院

之一就是巴金先生的长篇小说《家》，作为"万叶画库"之一，由费新我绘，钱君匋编，上海万叶书店印行，扉页上有费新我1940年画的巴金头像。

丰子恺既是钱君匋的老师也是当时著名的画家、作家，他的著作在抗战胜利后，不少都是在万叶书店出版，据不完全统计，至1949年10月新中国建立时，丰子恺在万叶书店出版过：《毛笔画册（1—4册）》、《率真集》、《子恺漫画集》（彩色版精装本）、《劫余漫

钱君匋还是音乐家，他的作曲曾传诵一时

老友相见，分外开心——与缪天瑞夫妇在一起

画》、《猫叫一声》、《进行曲集》等。解放初万叶书店尚未公私合营时，丰子恺在万叶书店出的著作更多。

但是，抗战胜利后的万叶书店正面临着上海书业竞争日趋激烈，而出版物的销路却不如以前，教材辅助读物的出版印行权也被国民政府收回。后来，当时的国立编译局经过筛选，来函告知，万叶书店拥有国定的中小学教科书的印行权。这对出版机构而言，是发大财的极好机会，但是，虽然不是中共党员的钱君匋忽然有了强烈的政治意识，担心发财是发财了，但吃了人家嘴软，将来蒋记政府的指令下来，让你无处可躲。于是，钱君匋找个理由，放弃了印行国民政府教科书的专有权。其实，钱君匋这是聪明之举，如果当年接受国民政府这个专有权，恐怕几年后乃至下半辈子，钱君匋无论哪个方面始终说不清道不明了。

但钱君匋毕竟是钱君匋，当走出一条发展之路——印行教辅——印行进步人士作品之后，面临抗日战争胜利后的出版社重新洗牌，在老友缪天瑞的建议下，钱君匋选择出版音乐作品作为万叶书店的发展方向，这一转向，让万叶书店在抗战胜利后又走出一条创新的发展之路。钱君匋没有想到自己与音乐这么有缘，自己学的爱好的当中有音乐，万叶书店以出版活页歌曲选起步壮大，没有想到七八年过去了，书店壮大了，规模也不复原来了，抗日战争胜利了，已经成为股份

与学生计安康在
屠甸老宅合影

公司的万叶书店忽然要丢掉许多出版资源，舍弃许多轻车熟路的东西，走专业出版的路子了。许多人不一定理解，但钱君匋却义无反顾，认定这是竞争中的一条新的出路！

钱君匋在竞争中又先着一棋了，此时钱君匋正当壮年，才40出头，正是大显身手的年华。

这种专业出版社的路子，在钱君匋万叶书店之前，特色和效益都不明显，虽然国外有先例，但在国内大都是什么赚钱出版什么，什么来钱印什么，一哄而上的同时也一哄而下，

钱君匋设计的封面

给国内出版界没有留下什么好名声，所以钱君匋走专业出版之路在许多人看来，是一条自加压力和充满风险之路。但是，钱君匋心里依然信心十足，没有半点犹豫，一往直前。有人曾对钱君匋这次转向，做过分析，认为钱君匋有底气，一是因为他是音乐界的行家里手；二是他有音乐编辑的经验，有一批音乐界的朋友；三是他热爱音乐等。这三个方面都有道理，其实，这些都是源于钱君匋的敢于创新的意识，如果钱君匋没有创新的胆识，这些条件，恐怕也只能做一个音乐爱好者，或者音乐编辑者。

转向后的万叶书店股份有限公司专门从事音乐出版，在出版业的红海里独创出一片蔚蓝色海洋，无论是经济效益还是社会声誉，得到了双丰收。据有关资料介绍，在此后的几年间，万叶书店出版了200多种音乐理论专著、歌曲集、乐谱，如《中国音乐史纲》、《音乐技术学习丛刊》、《民间音乐研究》、《曲式法》、《曲调作法》、《对位法》、《二胡演奏法》、《弦乐器演奏法》、《二胡基础教程》、《大众音乐教程》、《手风琴演奏法》、《西洋歌曲译丛》、《苏联音乐青年》、《捷克斯洛伐克音乐》、《记苏联群众歌曲》、

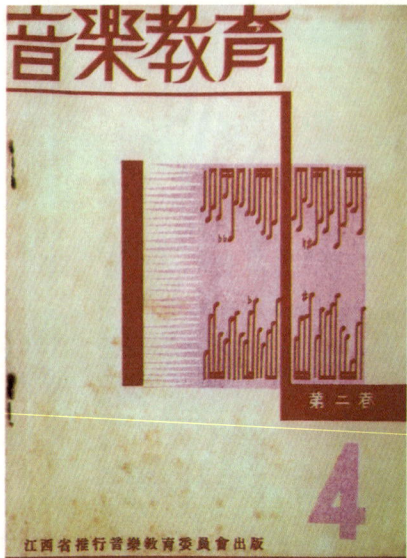

钱君匋设计的封面

《西洋音乐史》、《苏联音乐发展的道路》、《布拉姆基及现代乐派》、《贝多芬及浪漫乐派》、《二胡曲集》、《中国民歌选》、《十日礼赞》、《塞外舞曲》、《绥远组曲》、《思乡曲》、《摇篮曲》、《群众口琴曲集》、《音乐的构成》、《小提琴演奏法》、《万叶歌曲集》、《新疆民间合唱选》等等，有些音乐书籍印数也不少。这一切，无意间让钱君匋做了一件功德无量的善事，为中国乃至世界的音乐事业作出了他不可磨灭的贡献，被业界誉为"我国现代音乐出版事业的先驱和奠基人"。现在看来，钱君匋当之无愧！

钱君匋创办万叶书店的成功案例，也是一个文化浙商的成功之路，他从一个小作坊开始，发展到实行股份有限公司的现代企业；在内容上从低成本运作到多品种经营，再到专业出版，实现了由少到多、由多到好的发展和转变。钱君匋的出版业经营理念显示了他的经营智慧，他的这种智慧是顺应了出版规律和适应出版特点的。所以对今天风风火火的出版业来说，依然具有借鉴学习的意义。

钱君匋创办万叶书店的传奇经历，显然已经成为文化事业发展中一个经典案例。这是钱君匋从30多岁到40多岁期间创造的一个奇迹。今天这样说，我想，并不为过。

十、收藏的味道

钱君匋的家乡老友范雪森先生曾经是桐乡君匋艺术院建造时钱先生在桐乡的常任代表之一，对钱君匋先生捐赠过程及捐赠文物的内情颇为了解。他在回忆钱君匋先生的文章中，对钱君匋先生当时一次性登记捐赠的文物有一个数字：

钱君匋捐献的文物

经过20天的紧张而繁忙的工作，共计登记书画文物4083件。共分四类：

（一）书画类，共1294件，包括明代文徵明、陈老莲、徐渭等22件，清代吴昌硕、赵之谦、任伯年等275件，近代谭泽闿、于右任等109件，现代张大千、齐白石、丰子恺、刘海粟、黄宾虹、陆俨少、潘天寿、徐悲鸿等732件，先生自己作品156件。（二）印章类，共1169件，包括赵之谦石章104方、吴昌硕石章152方、黄牧甫石章168方，其他名家石章67方、钱刻印章425

在日本

方、先生自用印253方。印章中从石质看，有田黄5方、鸡血13方、冻石30方等。（三）书籍、拓本类（包括原拓）共1571件。（四）其他类，有瓷、陶、青铜器、笔墨砚共49件。在捐赠文物中，经专家鉴定，有属国家一级文物17件，即赵之谦的八尺花卉四屏条、金冬心的墨梅、陈洪绶的赏梅图、陈白阳的松石图、石涛的兰竹册页、吴昌硕的信札诗稿和印章6方、赵之谦印章3方、黄牧甫印章2方。

范雪森先生这个回忆记录，是二十多年前的文物鉴赏记录，倘在今天收藏成为一种全社会时尚时，恐怕钱君匋先生4083件文物中，不少可跻身于国家一级文物行列了。现在动辄上千万元上百万元价格的文物，在钱君匋捐献的文物里，毫不夸张地说，随便挑一件，都可以达到这个水平。所以，在钱君匋身后，也有人猜测，如果钱君匋的文物当年（20世纪80年代初）有现在这样价高的水平，恐怕钱君匋先生是另外的做法了。自然，这样的猜度，我们也无可厚非，怎么猜都在情理之中。但是，据我对钱君匋先生成长为大师的过程研究，这种猜测，在钱君匋身上都是不合情理的，即使再高的价值，钱君匋最终也要捐给国家，捐给生他养他的故乡的，献给成就他事业的艺术的。

因为，钱君匋收藏一开始就和当今收藏家不一样，他纯粹是为艺术而收藏，为学习而收藏。晚年的钱君匋捐献所有文物后曾语重心长地说："小时候我看张画，从人家门口徘徊几十次，不敢进门。后来在书画店看到名画，手头无钱，望画兴叹。今天，我的一切都是艺术的赐予，应该还给艺术，使后来人享受到观摩的方便，就是莫大安慰。我希望开门办院，不能办成一个保险柜。保管很重要，但不是目的。造就人才，才是办院的宗旨，东西来之不易，捐出来不轻松。我也留恋过，因为我是个凡人！"他在桐乡君匋艺术院成立大会上也说过类似的话："记得在少年时代，初出茅庐的岁月，想观摩一件艺术品，认不得收藏家，店里有精品，也不昂贵，可怜衣食迫人，哪有收藏的可能？……我在60年间，一直希望为青少年做点有益的小事，也就是不忘当初观摩名作之难吧。"

这些都是钱君匋的心里话，也是大实话。艺术家也是凡人，大师同时也是普通人。

历史还是从开头开始，可能看得更清楚一些。

钱君匋青少年时代刻苦于书画篆刻，生在一个小镇上的钱君匋最大的困惑，就是看不到高水准的作品，苦练时看不到学习对象！后来到上海，开阔了眼界，但眼界开阔了，兜里的铜钱依然空空如也，所以，这种窘状对一个渴求艺术知识的人来说，自然是刻骨铭心的。这种窘状一直到钱君匋1928年进开明书店之后，才慢慢好转，但是，即

新罗山人作

使进开明书店后，钱君匋的经济条件并不允许他购买许多心爱的书、碑帖之类，所以鲁迅当年曾帮助钱君匋在日本人开的内山书店里设一个赊书的账户，以便经济拮据的钱君匋方便买书。

后来，钱君匋的封面设计在鲁迅、丰子恺等人提携下一炮打红后，经济状况有所好转，加上钱君匋的勤奋，兼职又不少，收入渐裕，开始从学习需要出发走上收藏之路。

钱君匋第一次购买的藏品是什么？今天来考证似乎意义不大，但这个藏品在一些钱君匋的传记里都有著述，回过来看看也很有意思，这第一件钱君匋作为藏品的东西，恰恰又是钱君匋渴望学习的东西——一本罗振玉编的、珂罗版印制的《流沙坠简》。这部书让钱君匋100元的标价25元购得。现在看，这个起点起码有两点让钱君匋记忆深刻，一是满足了自己学习汉简的需要，收藏得到了愉快和满足；二是收藏过程讲究"诚"和"韧"字——当然"诚"也让钱君匋后

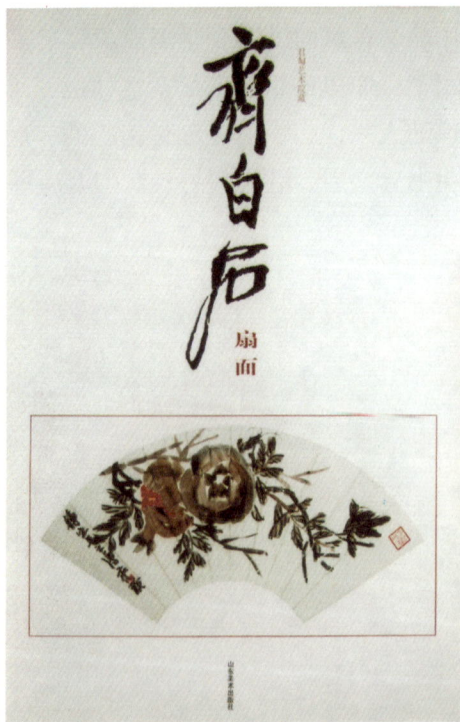

来付出了学费，但藏品上这"诚"字却让他尝到了甜头，旧书店老板为钱君匋这20多岁年轻人如此执著而感动，以赚个名声而低价卖给钱君匋了。钱君匋清楚地记得，当时在书店里看到银洋一百元的《流沙坠简》，"便天天去富晋书店站着看，越看越有味道"。书店老板就问钱君匋："你天天来看这部书，是不是来买回去？"钱君匋说："很想要，就是买不起，书价太贵。"

"你能出多少钱？""二十块，再多出就没钱吃饭了。"钱君匋实话实说。"太少了，

不能卖。"老板很沉着。几天后，钱君匋与老板又有交谈，讨价还价，结果钱君匋掏空口袋，付了二十五元，买下这部《流沙坠简》。但是，翻看史料发现，钱君匋当年买的是旧版书还是新版书？一些传记没有明说。据介绍，这部《流沙坠简》是近人罗振玉、王国维撰，共有三册。初版于1914年，后来在1934年校正重印。全书据法国人沙畹书中的照片选录英籍匈牙利人斯坦因在我国敦煌等地盗掘的简牍、纸片、帛书等，共588枚。有释文和考释。其中大部分是汉简，仅少数为纸片、帛书和晋代及其以后的简牍。全书分为小学术数方技书、屯戍丛残、简牍遗文三部分。附录还有晋初木简等。所以这部书对渴望了解书法历史面貌，从源头练起的钱君匋来说，自然十分重要。

在抗战前，钱君匋自从买得心爱的《流沙坠简》以后，了却了幼时苦求不得的心结，但也勾起他通过收藏来学习的热情，尤其是他设计封面出名之后，收入渐丰裕，见到自己心仪的前代艺术大师的作品，他就一件一件地购进，一件一件地临摹，反复观摩，所以钱君匋开始以学习为目的收藏，让他的书法、篆刻及封面设计相得益彰。后来，任伯年的《三公图》、《戏鱼图》，虚谷和尚的《枇杷》等就被30岁不到的钱君匋收进囊中。

桐乡君匋艺术院大门

收藏与观摩结合得像钱君匋这样好，不是说没有，但确实是其中收藏家、艺术大师中的佼佼者。而且钱君匋的收藏时间之长，恐怕也不是同辈中一般人可比。从钱君匋收藏的经历看，收藏也并不是盛世所特有，近20余年来的收藏热，相当部分是虚火上升，伪作赝品充斥，但钱君匋在20世纪三四十年代收藏学习时，正逢国运艰难，兵荒马乱，这恰恰是给钱君匋收藏提供了一个时代契机。所以，抗战开始后，钱君匋办万叶书店，生意兴隆，家底丰厚殷实，渴求从文物中汲取知识的钱君匋依然像战前那样乐此不疲。

但是，收藏中的酸甜苦辣，让钱君匋一生都无怨无悔，有时连吃亏上当回忆起来仍觉得是一种甜！

1937年抗日战争爆发后，三十岁的钱君匋也遭受战乱之苦，奔波在江苏常州、湖州、老家屠甸等崎岖小路上。有一次，钱君匋逃难途经湖州，在湖州地摊上见到两方吴昌硕为于右任镌刻的昌化鸡血石章，当时钱君匋一问价格，摊主索价80银币，这让在逃难中的钱君匋十分苦恼，想着乱世年头，下一步生活如何尚在未知中，只好"硬着心肠挥手而去"。这件与收藏擦肩而过的事，来让钱君匋后悔了一辈子，直到晚年还记忆深刻。

但真正有意识地收藏是钱君匋办了万叶书店之后，即1938年至50年代前期，富裕起来的钱君匋终于可以松口气，收藏一些大家、大师的东西了。1940年3月，钱君匋在孤岛上海城隍庙的旧书店里发现了扬州八怪之一的李方膺的梅竹册页一部计十开，后来又找到李方膺的兰菊册页，也是十开。对李方膺，钱君匋是熟悉的，曾临摹过李方膺的梅花，于是钱君匋多少带些激动买下了李方膺的两部画册。在与旧书店老板交谈中，钱君匋才知道，这两部画册原来收藏者是一对兄弟，分家时每人各一部，因为在乱世年头，命都朝不保夕，遑论这书画册页？所以李方膺的这两部册页就进了旧书店，现在又流进了钱家，不过，这次为钱君匋所收藏，却是让李方膺在天之灵感到欣慰，册页到了喜欢的人手里了。后来，钱君匋收藏文物书画的名气渐渐在朋友圈里小有名气了，前人书画的信息也源源不断地汇集到钱君匋耳边，钱君匋的收藏也在战乱中不断丰富。1942年7月，钱君匋买到了文徵明的学生陈复道的四尺整张的《墨松》，不久，他又从文物掮客的手中买来徐文长的《芭蕉梅花图》，要价60元，因已破损，钱君匋找上海装裱名家严桂荣重新裱糊，竟花了120元！1943年5月，钱君匋又以100元的高价买下了明代书画家文徵明的长卷《窗前鸣珮》，这是一幅精品，长卷上有文徵明的引首、画心、拖尾，文徵明的三绝全体现了。文徵明的这件长卷，钱君匋买得称心如意，他后来带了长卷向名家现宝，马一浮、潘天寿、丰子恺、黄宾虹、齐白石、陆俨少等等观赏过后，在长卷空白处题诗，留下了珍贵的记忆。如今已经成为桐乡君匋艺术院里出镜率最高的收藏品之一。

20世纪40年代，应该是钱君匋财力精力最为旺盛的时期之一。经济上，万叶书店已走上良性轨道，可谓财源滚滚；而精力上，自己四十岁上下，正当年！所以钱君匋无论是对书法篆刻的精研，还是对文物的收藏，都是最好的一个阶段。沈周的《桃实图》、陈洪绶的

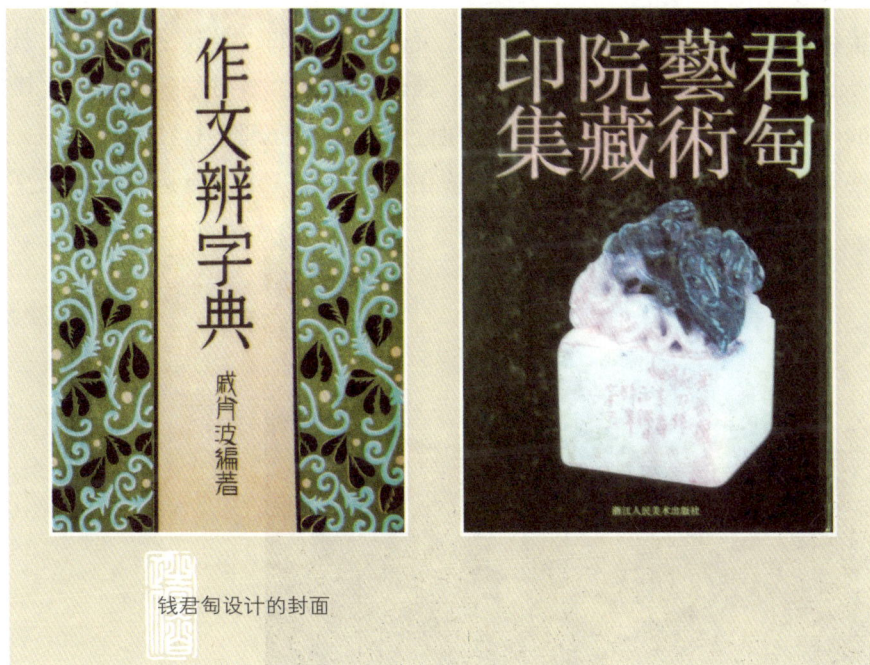

钱君匋设计的封面

《三高图》、蓝瑛的《秋水流水图》、张岩的《秋林山水图》、龚贤的《水墨山水图》以及齐白石的作品等，都是在这个时期陆续购进，慢慢地"抱华精舍"的架式正在逐步形成。钱君匋在书画收藏的同时不忘对印石章的收藏。新中国建立后，万叶书店与北京音乐出版社合并，钱君匋也从上海到北京上班。新中国建立之初，北方的京津等大城市里依然藏龙卧虎，文物古董等在民间流散甚多，尤其是一些没落贵族的后人，因生活艰难，常有珍品在社会上交流以换取生活费用。果然，对赵之谦有深刻研究的钱君匋有一天与同事朱咏癸先生聊赵之谦时，朱咏癸告诉他，天津王幼章之孙手里有一批赵之谦的印章，在劝业场的古玩店里待售。这个信息让钱君匋激动莫名，后来在一个大雪纷飞的星期天，钱君匋与朱咏癸一起赶往天津，在天津劝业场的古玩店里，钱君匋激动地看到赵之谦105方各类印章。钱君匋知道，赵之谦存世印章总共不过三百来方，今天在天津竟然见到一百余方印章，让刻印几十年的钱君匋有些忘情，他知道"赵之谦刻的印章，最初是从浙派入手，后来又改宗皖派。广泛吸收了碑额、古钱币、镜铭、诏版文字，以笔墨味入印，突破了邓石如、吴让之的樊篱，朴茂隽永，秀而有骨，阳文刻侧款，独创一家"。钱君匋还知道赵之谦的印章"结构严谨，变化无穷，在分朱布白的处理上有独到之处"。钱君匋认为赵之谦"他的刀法能够在巧中见拙，朱文挺拔凝练，白文

与友人合影

沉雄朴茂，绝无尘俗之状，而有隽永味，真正做到了'书如佳酒不须甜'的意境"。但是，这批赵之谦的印章，古玩店老板要价2000元！当时这2000元，相当于钱君匋一年的工资！钱君匋只好怏怏而回，但他的心已经留在天津劝业场，与那批见过面的赵之谦印章再也无法忘怀了。此后一段日子里，钱君匋茶不思饭不香，心里一直惦念着那105方赵之谦印章。此时的钱君匋已经沉浸在赵之谦的印章里并穿越历史时空，与赵之谦的印技对话，欲罢不能了。后来，还是朱咏癸的从中努力，钱君匋在1954年的年底，终于以1500元的价钱买回赵之谦105方印章，让钱君匋欣喜若狂，他事后回忆说："积久的愿望一旦实现，真使我狂喜之极。"据说，为此，钱君匋当天看着赵之谦印章喝了五斤绍兴酒。

第二年，即1955年2月，同事朱咏癸告诉钱君匋，有个书画商手头有8本新罗山人的册页（共96张画）。新罗山人就是华嵒，其画风清新秀动、洒脱疏宕。钱君匋一听，自然钦羡不已，与朱咏癸一起去书画商家里，一看，钱君匋认定这是华嵒的真迹。对华嵒这位画家作品，钱君匋心仪已久，这位自署为"新罗山人"的大师的作品，钱君匋家里还没有呢，看到这些册页，爱不释手的表情立刻无法掩饰地表露出来。但是，书画商看到钱君匋是个懂行的收藏家，立刻开口8本册页要价2000元！这价格着实让钱君匋吃了一惊，因为此时的钱君匋

钱君匋捐献的藏品
在君匋艺术院展出

经济来源不多，开支却不少，手头的积蓄所剩不多了。怎么办？怏怏而归的钱君匋只好让朱咏葵与画商协商，能否降些价。后来，总算以1800元买进新罗山人的8本96张册页，为此，钱君匋是卖掉了清代画家查士标的一幅画、徐悲鸿的一幅喜鹊图之后才凑齐1800元的。但是，让他没有想到的是，画商在卖册页中动了手脚，在一本册页中抽出几张，成了残缺。这对真正的懂行的收藏家来说，是一种缺憾，于是，有机会总要千方百计收全。

华品精品

君匋艺术院藏

浙江人民美术出版社

而这时的画商又会假托发现了失佚的画页，为渴盼齐全的收藏家提供线索，吊收藏家的胃口。这样的画商作法，让钱君匋在买新罗山人册页时碰到了。就在钱君匋当时倾其所有，花1800元巨资——在当时已是巨资了，买下新罗山人8本册页后两年，即1957年春天，荣宝斋的一位朋友写信告诉钱君匋，说："他们那里有一张新罗山人的册页，据说是你买的8本册页里取下来的，如果你要，请寄200元来。"钱君

钱君匋与叶潞渊

钱君匋印谱

匋知道书画买卖中的潜规则，只好再花200元，买回一张新罗山人的册页。购买新罗山人册页的往事，让钱君匋留下了深刻的记忆，一辈子都忘不了，晚年也曾回忆说：

"记得买华新罗的画时，因为手头没有那么多巨额现金，于是忍痛卖掉查士标、吴昌硕、徐悲鸿的作品多件来凑数，并与物主协商分期付款而得到同意，才能买下。这一次把我的历年积蓄差不多都花了，但是我不觉得惋惜，倒是变卖查士标、吴昌硕、徐悲鸿三家的作品，非常觉得可惜！至今还经常出现在我的梦里，颇有'鱼我所欲也，熊掌亦我欲也'的样子，两者无法兼得，只好放弃其中之一！"

作为真正的收藏家而不是附庸风雅，钱君匋的心与藏品一直都连在一起的，这就是所谓的"牵挂"。齐白石的一张四尺整张《红莲鸣蝉》的收藏过程，整整让钱君匋在心里梦里牵挂了四年，心动了四年，缘乎情乎，仿佛这幅《红莲鸣蝉》注定让钱君匋"苦恋"四年之

在新加坡

后才能进钱府！晚年他说：

"齐白石的一幅四尺整张《红莲鸣蝉》，1949年我经过北京，在琉璃厂一家画店中见到，这幅画悬挂在极显著的进门处，问价一百元连框，我嫌价太高没有买。1950年我又至北京，见此画仍旧挂在这书画店门前，我问价仍要一百元，不肯让一分一厘，我还是不肯下手。1951年再去北京，见此画还是高悬着，仍旧要一百元，不能还价，我是好望望然而去之。直到1954年我再从那家画店经过，想想还是依他们的高价吧，用一百元买了回来，重裱后挂在我上海客厅里……"

林风眠作

牵挂、纠结，买了四年才买到的齐白石的画，终于释怀遂愿，这种牵挂、纠结和快意，只有钱君匋体味最深。但是，像这样"苦恋"之后有甜味的，让钱君匋在收藏中有种成就感。而像买新罗山人册页那样买了以后再买的遭遇，钱君匋不止一次地碰到，有时哪怕熟人朋友间也不能免俗。有一次，钱君匋从一个书画捐客手里以每开50元的价格买得金冬心的五开水墨花卉册页。金冬心就是扬州八怪之一金农。他的画作以自我之诗心禅意为之，脱尽画家习气，不同凡俗。所以深得钱君匋喜爱。过了些日子，那个捐客又送来金冬心同样大小的四开水墨花卉册页，但要价每开翻一番，100元一开。捐客掌握钱君匋心理，采取钓鱼办法，收藏讲究完整，于是钱君匋只好忍痛买下。当时钱君匋还对那个捐客开玩笑说，你是不是还有第三次送来？捐客拍胸脯保证，就这一次，不会再有了！可是，后来钱君匋去另一位收藏大家钱镜塘家里看画时，发现自己买的金冬心册页在钱镜塘家里也有一开，同样是水墨梅花，而且正是钱君匋收藏的那部册页的最后一开，如果买了这一开册页，整部水墨花卉册页就齐了，这也意味着这部册页收藏价值的不一样。钱君匋便让钱镜塘出让，问要价几何？钱镜塘这位远房族弟也不含糊，要价150元！相当于初次购进时的三倍。钱君匋明知这是捐客和出让者在玩花招，欺诈收藏者，也只好如数付给，买回这一开水墨梅花册页。所以，钱君匋后来说，事主为了卖个好价钱，"当时把画让出来的人，就是这样欺诈买者，诸如此类买进的书画，不止一种，可见物主的狡猾了"。不过，说是这样说，钱君匋也没有办法来制止这种艺术市场的不良风气！

这种破财买真品的经历，钱君匋尚且能承受，道中人也会觉得是正常的，让钱君匋感到窝囊的是把赝品当真迹买进来，这在外行人看来可以权当付学费，但道中人觉得是很没有面子的事。不过，这种没有面子事，钱君匋也经历过不少，据说他花巨资买过十多张假字画。自然这对收藏家、抑或艺术大师来说，都不可避免。有一次，黄宾虹老先生知道钱君匋收藏甚丰，便向钱君匋推荐一张徐文长的条幅。既然是艺术大师真诚推荐，自己看了以后觉得也是徐文长的一幅好作品，便出资买了回来，挂在自己的客厅里不时欣赏。后来，钱君匋便留心徐文长的作品，一次在吴湖帆先生家里看到徐文长的真迹，就借回来研究，发现黄宾虹推荐自己买的徐文长条幅，是赝品。原来黄宾虹年岁已高，捐客骗了黄老先生。据说，钱君匋为了刻苦提高自己的鉴赏水平，记住这次失误，专门将这幅赝品烧掉了！后来，钱君匋发愤研究名家大师作品，失手走眼相对就少了许多。

不过，有时在收藏过程中，时机时间对一个收藏家来说，也极

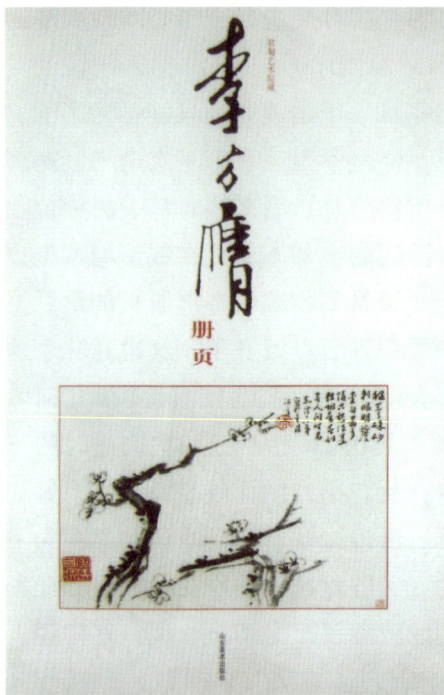

为重要，有时候，一延误，机会可能再也没有了。有一次，钱君匋到杭州，在一个任姓的学生家里看到一张六尺整的唐伯虎的人物画《陶渊明赠酒》，画面上三个人物都栩栩如生，钱君匋很喜欢，就与学生谈好价格，并答应回上海后立刻汇钱过来。但是等钱君匋从上海汇钱到杭州，这幅唐伯虎名作已经被捷足先登的远房堂弟钱镜塘出高价买走了。钱镜塘买到唐伯虎这幅真迹人物画后，十分兴奋，还邀请钱君匋去他府上观赏这幅唐伯虎的作品。这时，钱君匋才知道自己出手慢了半拍，而那个姓任的学生见钱眼开，失信于老师，让钱君匋懊丧不已。

在收藏过程中，钱君匋虽然经历了酸甜苦辣，也渐渐形成了自己

钱君匋在日本大阪画展上与梅舒适亲切交谈

桐乡君匋艺术院经常办
的活动之一

收藏的特色，尤其是印章，钱君匋从天津收藏了赵之谦105方印章之后，又陆续收藏了吴昌硕印章200方，黄牧甫印章156方，成为国内外收藏赵之谦、黄牧甫、吴昌硕印章最多的收藏家，"无倦苦斋"也渐渐形成了。无，即取赵之谦的别号无闷的"无"字；倦，取黄牧甫别号中倦叟的"倦"字；苦，取吴昌硕别号苦铁中的"苦"字，各取一字，"无倦苦"既是斋名，又是藏品特色，其实也是钱君匋自己刻苦的一种自励，有一种乐此不疲的意味在。

钱君匋铜像

钱君匋与邵洛羊、王伯敏在浙江嘉善

话题还是回到钱君匋收藏本旨上来，综观钱君匋一生收藏，根本目的还是自己学习之用。他晚年说过一个发自内心的体会：

> "学习绘画如果只靠阅读珂罗版画册是不好的，还应从名师学习，在旧时代从名师必须付出巨额的经济代价，而我是贫家子弟，没有那么多钱去从师学业，只能徘徊在珂罗版画册之间，往后经济稍宽，仍不拜师，却四出求同时代的书画家写些画些，一旦求得，再付出一些装裱费用，就可悬诸室内，时刻观摩，作为学习和借鉴，这比从一位名师所接触的面要广泛的多，受益亦多，因此从那时起，我陆续求得了孙增禄、徐菊庵、朱梦仙、陈焕卿等同里书画家的手迹，再扩大到外地的于右任、谭延闿、谭泽闿、马公愚以及张大千、李苦禅、潘天寿、沙孟海、张阆声等的手迹，从这些手迹中我在书法上学到了波磔抵送等方法，在绘画上学到了用笔用墨，渲染着色的技巧。从学习同时代许多书画家的手迹中，我得以在绘画、书法是大开眼界，大幅度提高了一步。看了手迹，懂得书法何者为上，绘画以何者为贵，较之拜师受益更多。"

钱君匋的收藏出发点与一般收藏家大相异趣，而落脚点却又是那样大气磅礴，无私奉献。因此，钱君匋收藏过程的酸甜苦辣是可以书写一部专著，仅此介绍，恐怕也就足够让我们对这位收藏大家产生深深的敬意。

十一、公私合营

1949年5月27日上海解放，28日陈毅同志作为中国共产党的上海市长，开始接管并主政上海这个东方大都市。钱君匋的万叶书店立即停止出版，"静待政策"。对政权交替，钱君匋直接感受还是第一次，清王朝覆灭，钱君匋年纪尚小，几乎一无所知，而这一次，他从直观上看到秋毫无犯的中共军队，知道蒋家王朝大势已去，但如何去经营他们的企业？钱君匋心里有看看再说的想法，但是，当他想看看再说时，刚刚进上海的市长陈毅同志却让人找到钱君匋，让钱君匋去他办公室聊聊。

陈毅是一员儒将，文化修养很高，政治智慧、经验也非常丰富。前几年曾由新四军李仲融出面请钱

钱君匋作

辛酉小雪寒甚欲饮酣写君到并记

钱君匋作

君匋为陈毅同志刻过印章，对此，篆刻家钱君匋在陈毅的记忆里留下了印象，所以，在刚进上海不久，日理万机的陈毅想见见钱君匋，了解些上海文化界的情况。

后来，钱君匋见到了陈毅。

对此，钱君匋自己修改定稿的年谱里没有记载。现在时间已过去60多年，陈毅和钱君匋都已仙逝。不可能再进行考证当时会见谈话的具体内容。但是，猜想起来，陈毅想见见钱君匋，了解了解上海文化界的情况。因为上海这样的大都市在经济社会发展中不能没有文化，没有文化的上海还叫上海吗？同时在百废待兴正当用人之时，如果有可能，陈毅想报一印之恩，让曾经为新四军帮过忙的钱君匋再为共产党的文化事业作贡献。

但是，具有艺术天赋的钱君匋却没有政治家的气质，虽正当年，却没有气宇轩昂的政治人物形象，也没滔滔不绝的说话水平，更没有八面玲珑察言观色的本领，唯有说起出版，说起书画文物，说起他的印章，他才仿佛有无穷智慧和思想。

所以，陈毅会见钱君匋后，没有什么进一步的下文。这对钱君匋来说，或许是好事。否则，当初钱君匋渴望进步，想当个一官半职，愿意为新政权效力等等，现在看来当时不是没有可能。因为在陈毅看来，钱君匋这个小资本家为共产党尤其是新四军曾经作过贡献的，他

钱君匋写起字来往往神情专注，一丝不苟

知道自己的部下的李仲融他们到上海办事时，常常在钱君匋的万叶书店落脚，在共产党困难时帮助过，给予方便过。凭这，只要钱君匋具有一定的从政想法，陈毅是一定能够满足钱君匋想法的，但钱君匋没有这样做。于是，在中国艺坛上多了一个大师，而政坛上千千万万的领导干部中则少了一个领导。

新中国建立前夕，颇有远见卓识的中共文化出版界的组织者们已经在谋划。他们在中共领袖们的运筹帷幄下，已经开始描绘新中国出版大业的蓝图。其实，在此之前，1948年12月29日中共中央关于《对新区出版事业的政策的暂行规定》里，对旧中国的出版业态度已经有了明确的指示，其中有：

（一）没收国民党反动派的出版机关，如正中书局、中国文化服务社、独立出版社、拔提书店、青年书店、兵学书店等，均属此类。如有民营书店之借用上列牌号者，则应在处理上加以区别。此类书店没收后，原书店即不准再开业。

（二）民营及非全部官僚资本所经营的书店，不接收，仍准继续营业。其中官僚资本应予没收者，须经详细调查确实报告中央，再作处理。

（三）凡允许继续营业的书店，其书籍暂任其自由发

钱君匋作

卖，不加审查。如出版教科书者，则劝告他们自行停售党义公民等教科书，及自己修改有关政治的教科书（如历史）。

（四）对于新出版的书籍中，如有政治上反动而又发生了重大影响的书籍，必须干涉及禁止者，暂时采用个别禁止及个别干涉的办法，这些书籍和非由显著的反动派所著作出版，则应在采取禁止干涉措施前，向中央请示。

这个在上海解放前半年发出的中央规定，钱君匋自然不知情，不过，这个规定中有关指示，钱君匋似乎关系不大，而且还感到庆幸的是，抗日战争胜利后，国民党当局曾准许钱君匋印刷出版有关学校教科书，但钱君匋放弃了这个发财机会，没有出版国民党政权审定的教材。

就在中共中央这个指示发布一个多月之后，中共成立了临时出版工作委员会，由黄洛峰、祝志澄、王子野、平杰三、华应申、史育才、欧建新为委员。后来新中国建立，国家成立出版总署，胡愈之为出版总署署长。

新中国的诞生，让钱君匋看到人民翻身的那种喜悦和顺应时代潮流的趋势，但对自己苦心经营的万叶书店的生存发展，却颇费踌躇。此时，20年代专科师范学校的同学缪天瑞赴天津中央音乐学院就职，路过上海，专门寻访老同学钱君匋。已经人到中年，战乱之后相见自然十分兴奋，两人促膝聊天，也说到万叶书店在新中国建立之后如何发展问题，缪天瑞知道老同学的书店在抗日战争中表现是爱国的、进步的，没有出版过有辱国格的坏书，也没有出过对共产党不利的书，相反，钱君匋的万叶书店出版过不少抗日的书，比如《第一年》等，也受到租界里的走狗们的威胁；旧时钱君匋的万叶书店的进步表现，也受到中共的关注，认为钱君匋这个文化老板可以信赖的，所以，新四军的李仲融等中共工作人员到上海采购物品时，专门找万叶书店作为落脚点。为此，钱君匋与中共干部有了联系——不过钱君匋当时更关注于自己的艺术和自己的企业经营。据说，钱君匋办文化企业和他书法绘画篆刻一样，从落笔、着墨、布局都亲自动手，对企业的大小事务，也事必躬亲，全身心地投入。所以，企业虽然是股份制文化企业，但像他自己的儿子一样，一点一点地把他抚养大的，充满了深情。

　　缪天瑞在上海与钱君匋朝夕相处的十多天时间里，两人谈了许多想法，钱君匋也坦率地与老同学探讨万叶书店今后的前途问题，据

钱君匋作

说，缪天瑞替钱君匋分析过，万叶书店一路走来，十多年间已经有了一个出版音乐作品很好的基础，走专业出版对万叶书店来说，是顺理成章的事情。缪天瑞还认为，苏联的榜样说明，今后对私营文化出版肯定不行的，要向国营方向转变，万叶书店坚持音乐出版，今后新中国总需要一个国家音乐出版社的，万叶书店可以逐步发展成为国家音乐出版社的。钱君匋深以为然。

那次缪天瑞与钱君匋的见面相叙，为钱君匋的万叶书店的前途指明了方向。

新中国一建立，上海出版界就组织上海23名出版人赴东北、华北学习考察交流，钱君匋也是成员之一。看到老解放区的出版业的发展态势，让钱君匋明白了万叶书店在新中国出版队伍里同样是可以有作为的。1950年9月全国出版会议以后，新中国第一次提出自己"出版专业化、统筹兼顾、分工合作"的出版方针。这个方针让钱君匋暗暗惊讶老同学缪天瑞的卓识。

此后，坚持专业化的出版路子在钱君匋的脑子里扎下根。在以前的基础上投入更大的财力与精力，出版音乐书籍。还出版了不少苏联等社会主义国家的音乐书籍，如《苏联音乐青年》、《论苏联群众歌曲》、《苏联音乐发展的道路》、《捷克斯洛伐克音乐》等等，同时，钱君匋也出版一批歌颂新中国、歌颂中国共产党的音乐作品，如

赵之谦作

《中国革命民歌选》、《东方红变奏曲》、《毛泽东颂歌》、《治淮歌曲集》、《抗美援朝歌曲籍》等等。很快，万叶书店在解放了的上海出版界声名鹊起，奠定了万叶书店的音乐出版地位。

在音乐出版中，钱君匋是有优势也有"野心"的，他的音乐出版条件很好，自己懂音乐，有一支音乐编辑团队，有一批音乐作品作者。所以，做强做大音乐出版，登上国家音乐出版的制高点，这是钱君匋当时的愿景。现在看，这也符合钱君匋勇攀高峰的性格，在钱君匋的性格里，要么不做，要做一定要做一流的。他一生都拒绝平庸，无论是艺术还是出版。

当初中央对出版业公私合营的政策十分谨慎，而且都是在大量调查研究基础上，有选择地推进，不过当时虽然没有时间表但有路线图，希望私营出版业有一定规模之后再公私合营。自然，万叶书店虽然努力，规模仍然不大。为了了解国家有关政策，据说钱君匋在新中国建立后连续几年去北京拜访文化部部长沈雁冰和出版总署署长胡愈之，这两位既是新中国文化出版界的最高行政长官，也是钱君匋的老友、老乡、老同事。当时钱君匋为了表示对毛泽东主席的敬仰，曾为毛主席刻了两方印章，就是托沈雁冰转呈给毛主席的。钱君匋的这种敬仰之情，后来给他带来想不到的效果，这是后话。

根据政策和出版专业特点，上海以万叶书店为核心与王允功的

1953年春末，新音乐出版社成立纪念

上海音乐出版社以及教育书店等私私合并，壮大规模和实力，合并为一个新音乐出版社，全称为"新音乐出版社股份有限公司"。社址在南昌路万叶书店的三上三下的楼房里，钱君匋任总编辑，陆海藩任经理，徐鉴堂任副经理。其实，当初这个新音乐出版社虽然三家合并，规模似乎也并不大，总共只有22人，其中万叶书店11人，上海音乐出版社4人，教育书店6人，文览书店1人。

1953年6月15日，阳光灿烂，以钱君匋为总编辑的新音乐出版社股份有限公司在上海正式宣告成立。

私私合营成立新音乐出版社。这是公私合营的一个准备性的步骤，钱君匋还要为下一步公私合营筹划，他想攀登中国音乐出版制高点，1954年年初，钱君匋带着合并后的符合政策的新条件走进北京东总布胡同10号的出版总署，汇报准备公私合营组建国家级音乐出版社的设想。

其实，此时上海的出版界的情况，出版总署已经了解得一清二楚了，总署收到上海方面的报告比钱君匋不标准的普通话汇报更全面

钱君匋作

了。钱君匋到总署汇报想法时，出版总署已经收到上海方面向出版总署关于《整顿上海私营出版业方案》的报告。这个报告是以"华东新闻出版处党组小组"的名义报的，时间是1953年12月。其中很详细地分析了上海私营出版业的现状，整顿的原则办法以及1954年的私营出版业的改造工作任务。从报告看，上海私营出版业分成六类：一类是取缔的。二类是自动歇业的。三类是态度好的，公私合营了的。第四类私私联合，私营自愿合并经营的。钱君匋的万叶书店就是属于这一类的。报告中写道："由上海音

乐出版社、教育书店、万叶书店三家进行合并，并准备由全国音协领导改组为公私合营的新音乐出版社（尚未完成改组工作）；……合并后人力资力都比较集中了，便于我们进一步对其加强领导。合并中人员及有关职工利益方面的问题，均由劳资双方自行协商解决。"第五类是转业了的。第六类是迁移到我埠的。在1954年工作任务中，钱君匋的新音乐出版社被政府列为1954年度需要公私合营改组的出版社。

出版总署收到上海这个报告后，于1954年1月29日召开署务会，讨论对上海整顿方案的答复意见，后来，这个答复意见以（54）出机字第56号《出版总署关于整顿上海私营出版业方案的意见复华东新闻出版局函》的方式，于1954年2月10日复华东新闻出版局。

所以，当钱君匋走进出版总署时，总署的决策层早就掌握了上海的出版业情况了。

一切公事公办，出版总署的王仿子接待了来自上海私营出版业老板钱君匋。讲政策、讲立场、有阶级觉悟的国家机关领导认真地看待钱君匋来访，王仿子被总署副署长陈克寒叫到办公室，"面授机宜"，如何把握分寸向钱老板交待政策。所以王仿子讲过政策之后，

七十多岁的钱君匋依然步履稳健

钱君匋内心似乎很理解了，感觉很温暖很受信任似的。王仿子后来回忆说："我把要讲的话讲过之后，松了一口气。我发现钱先生似乎也很轻松。他表示决心走社会主义的道路。对于搬迁到北京，成为与文学、美术、戏剧等各类专业的中央级出版社行列中的一员，似乎也很乐意。我们的说话从拘束、呆板转向轻松、自在。"

其实，钱君匋的心，真的是在音乐艺术上，对新中国新政府同样也是真诚的，所以，此时的钱君匋一心想走社会主义道路，跟上时代的节奏和步伐，对音乐出版事业做到国家层面，也同样是他的一个艺术理想，他以自己个人财产为代价，义无反顾地去争取这顶级音乐出版的地位。

在大的方针政策明确的情况下，出版总署与华东新闻出版局多次商谈新音乐出版社公私合营问题。笔者见到1954年6月26日第三次商谈纪要，这次会谈参加的人员主要是官员，有文化部赵沨、出版总署陈克寒、金灿然、王仿子、欧建新、吕朗（纪录），华东新闻出版局徐德和。商谈内容主要是讨论出版社的构架及有关人事，其中涉及钱君匋的安排，这次会商时没有最后作决定，作为第四条记录在案：

"公私合营音乐出版社成立后，对钱君匋、陆海藩二人工作安排问题，由文化部和中国音乐家协会考虑提出意见再行商量决定。"

讲起艺术，钱君匋立刻谈笑风生

　　但是值得注意的是，讨论公私合营构架，竟然没有私方代表的情况下，由华东新闻出版局干部代表了。这在当时恐怕是一种惯例，但今天看来，是有点不可思议。一个行政部门与另一个行政部门在讨论如何处置别人的资产。而且这样的会商纪要，也不抄送给私产权益人，今天想想有些令人忍俊不禁。不过，中国的历史就这样磕磕碰碰地走过来了。

　　经过紧锣密鼓的筹备，同年7月就决定新音乐出版社公私合营，改名为"音乐出版社"，由中国音乐家协会和出版总署共同领导；7月11日，音乐出版社召开第一次筹备会。8月7日，出版总署向国务院财经委写出报告，8月27日国务院财经委第六办公厅给出版总署党组批复，同意音乐出版社的公私合营计划。

　　1954年10月11日，钱君匋期盼的国家级音乐出版社正式在北京

对艺术家们来说，游山玩水可以陶冶艺术性情

宣告成立。社长：赵沨（兼）；总编辑：孙慎（兼）；副总编辑：章枚、钱君匋；经理：徐德和；副经理：曹道祥、陆海藩。

10月19日，文化部党组周扬向中宣部提交关于将上海新音乐出版社改组为公私合营的报告，报告中明确了音乐出版社的出版方针、任务及本年度的中心工作等。中宣部10月29日批复："部长办公会议同意关于成立公私合营的音乐出版社及出版方针的意见。"

今天我们发现，这些报告和批复，为什么都是在音乐出版社成立大会召开之后，至今仍是一个谜团。

现在看，钱君匋在这个公私合营过程中，开始是积极主动的，但进入官方程序后，似乎钱君匋已经有力无处使了，在社会主义道路上像潮水一样，裹挟着钱君匋推向前进。作为公私合营的私方经营管理者，钱君匋的心情十分复杂，尤其是红旗招展的氛围里，钱君匋又陷入新的烦闷里，下一步该怎么办？他自己都无法回答。

到了北京的钱君匋，据他自己说，常常一个人去苏州胡同51号上海人开的小酒楼独自喝酒。有些借酒解闷的意味，音乐出版社发展史上，钱君匋有开创之功，功不可没；但钱君匋的公私合营由热切到平缓的心路历程却从另一个侧面反映了钱君匋复杂的心境，这，恐怕是毋庸讳言的。

赵之谦作

十二、逃过一劫，逃不过"文化大革命"

钱君匋虽然一个人（夫人陈学鬐留在上海不愿去北京）在北京工作，孤独得常常一个人去喝闷酒，但却是这个机缘，让钱君匋买到了赵之谦的大批印章；也正因为与中国音协公私合营音乐出版社的机缘，让钱君匋后来在1957年那个非常年代里逃过一劫。

自然，钱君匋并非是对政治形势一窍不通的一个书生，1955年到北京后看到文艺界的种种斗争，让钱君匋感到有些担心、有些惧

钱君匋作画

怕，批胡风，罗织罪名定胡风等人为反党集团，文化界不少人都卷了进去，其中不少人钱君匋是认识的，现在忽然都卷入这场斗争里去了，钱君匋虽然没有这方面的联系和言行，只是自己埋头于自己的"爱好"，收藏文物和书画篆刻，还有忙不完的编辑审稿业务。到北京后的第二年，即1956年，贺绿汀在上海倡议筹建上海音乐出版社，希望钱君匋回上海担当音乐出版重任。贺绿汀这个动议正合钱君匋孤身一人在京的心意，他赶忙向出版社辞职，但北京的音乐出版社不肯放，虽然钱君匋自己感觉在京发挥作用远没有上海发挥充分，但他毕竟是音乐出版的行家里手，北京的同行自然希望钱君匋留在北京。后来钱君匋再三要求，出版社仅同意上海借调钱君匋去上海筹办上海音乐出版社。其实，今天想想，上海音乐界打算办音乐出版社，这本身已经让北京的音乐出版社感到竞争的压力，何况还要挖北京音乐出版多面手钱君匋，这不乐意是自然的。后来钱君匋只好去文化部找老乡老友沈雁冰部长，作为共和国最高文化行政长官，沈雁冰于公于私都是会同意的。于是，大概在1956年的10月，钱君匋回上海任上海音乐出版社副总编辑，丁善德为总编辑。对此，钱君匋在自撰年谱中有如下记载：

> "贺绿汀在沪倡议筹建上海音乐出版社，约余辞去音乐
> 出版社之职，改任上海新职，余辞职未准，改为借调，后经
> 文化部沈雁冰部长批准，10月首途赴沪，就任上海音乐出版
> 社副总编辑，另钱仁康亦为副总编辑。丁善德为总编辑。"

其实，此时钱君匋尽管已经赴任，但其他关系仍在北京的音乐出版社。所以沈雁冰的批准，应该是在其到上海赴任之后。

在上海这个音乐出版高地上，钱君匋自然又干得得心应手，开张这一年年底，上海音乐出版社上缴的利润就"仅次于上海人民美术出版社"。似乎钱君匋是为上海而生为上海而活的。否则，在外人看来，钱君匋一回到上海就像鱼儿到了大海，北京那种一个人跑到单位附近小酒店里喝闷酒的情况不见了，郁闷的心情也开朗了——尽管在

私营时或是私私合营时曾经都有责有权有利益，而现在自己的股份在北京。上海的音乐出版社里自己拿的是薪水制，因此钱君匋在努力之中免不了有些想法流露。

正当钱君匋想把新办的上海音乐出版社的出版业务搞得轰轰烈烈时，时间已经进入风起云涌的1957年。开始以发动党内外同志向中共提意见，改进党的领导，以整风的方式解决问题，"整风"是一种手段，用毛泽东同志的话来说，"整风是用批评和自我批评解决党内矛盾的一种方法，也是解决党同人民之间矛盾的一种方法"。毛泽东同志在全国宣传工作会议上讲话和在济南党员干部会议上讲话，极大地鼓舞了全国上下，给党提意见，给党的工作提建议，尤其是对党内存在的官僚主义、宗派主义和主观主义的问题，知识界文化教育界都纷纷起来，帮助党改正错误，恢复和发挥优良传统。但是，在这场帮助党整风的运动中，讷于言的钱君匋自然没有多少话在大会上讲，在大鸣大放、大字报、大辩论当中，本来钱君匋可以激情澎湃地给党提意见的，但是钱君匋没有，他觉得共产党很好，自己在新中国建立前就觉得共产党不错。只是在私下聊天中，说到一个党员办公室主任"架子太大"，但又"什么也不懂，能领导啥"的议论。说过之后，钱君匋自己也忘了。后来上海市政协召开"鸣放"座谈会，钱君匋不善于大会发言，只作了书面发言，提了两条与自己有关的意见，一条

钱君匋回故乡作画

是认为，作为私方代表，应该有职有权，一条是他主编的《苏联中小学生歌曲集》版税太少，没有万叶书店时给得多等等。但是，在帮助党整风过程中，一些人提出"共产党下台"等出格言论，并且很快传遍知识文化教育界。于是毛泽东5月15日在党内发了一个绝密通知，提醒党内，这次党内整风，大鸣大放大字报大辩论中"事情正在起变化"，而开始从党内整风到"反右派运动"，而且这场反击，比大鸣大放大字报大辩论更加声势浩大，更加残酷无情。钱君匋这个有艺术专长的"资本家"虽然在"鸣放"中没有激情没有高调，但后来转向后也惶惶不可终日，而出版界中人，乘着这股浪潮，常常把目光飘向钱君匋这个年过半百的中年人，总想在钱君匋日常言行中找出一些"右派"言论，但向来不善言辞的钱君匋竟找不出直接的右派言论，那些"积极分子"以高人一等的姿态，只好笼统说钱君匋只讲利润，与社会主义改造之后的主流要求不符等等，在"反右"运动中，钱君匋被边缘化，属于要改造的对象。因此一些老友也视他为陌路。这让钱君匋感到十分伤心和不解，甚至有些耿耿于怀，他在自撰年谱中有一段文字，可以看出他在那个年代遗留下来的心态：

> 1957（51岁）整风"反右"运动开始，到处揪右派，一
> 时全国骚动，人人自危！上海音乐出版社亦不例外，正在酝

弘一法师纪念塔在虎跑
落成揭幕时合影

酿之中，大字报铺天盖地，对余者独多。右派第一人大约为余矣！但似不像，数日后，毫无动静，劲头渐松，结果全社无右派可揪。当时上海共有出版社十一家，据云出版社不需如此之多，可并成七家，此议一出，上海音乐出版社首当其冲，因系新成立，立足不稳，编辑阵容不强，余又未划入右派，有走资本主义道路之嫌，此指余只知出书及上缴利润，余任职上海音乐出版社以来，从未作大报告，说国家大事，因此被划为"走资本主义道路"，并入上海文艺出版社，将余编入第五编辑室，于钢琴间工作，补写交待达半年之久。上海文艺出版社社长蒯斯曛乃以前在复旦大学主编《白露》月刊者，为余老友，以余走资本主义道路，故虽为老友，亦不照顾，视若路人。

钱君匋心中的怨气由此可见。

然而，在知识分子成堆的上海音乐出版社里，竟没有一个划为右派，实属罕见，况且像钱君匋这样的资方人员又是多才多艺的艺术家，连钱君匋自己觉得像个右派："右派第一人大约为余矣"！恐怕是他当时的真实心理。因为"右派"的后果当时谁也不清楚。据说当时有分配名额的，分到的当时也觉得没有什么，不过后来的

钱君匋捐献

钱君匋作

悲惨经历，却是当时所未料到的。笔者见到过不少"反右"时的材料，大都是当时所始料未及的。20多岁拿法国文学博士，回国后在延安投身革命的女作家陈学昭，在别人强烈要求下对党管文艺工作提了点意见，结果风向一转，被打成右派，成为钱君匋老家浙江的一名右派！但在开除她党籍的支部会上，支部书记也是轻描淡写地告诉陈学昭，说现在党把你丢出去两三年，到那时党还是欢迎你回来，说得多么轻巧！此后陈学昭坠入生活的黑暗之中二十余年，其苦难是常人难以想象的。

所以钱君匋当时有这个想法，也是不足为奇的。而钱君匋没有划为右派，对当时许多人来说，倒是不可理解的。

这又得从钱君匋在北京的一次奇遇说起。

1957年春夏之交的某一天，钱君匋专程去北京办理调动手续，

君匋艺术院的春色

因为他虽然在上海音乐出版社担任副总编，但所有人事等关系都在北京的音乐出版社。这次去京办理迁移手续，时间充裕，所以钱君匋专门去走访北京的一些朋友，另一层意思是向老友话别。因此，钱君匋在北京的那些朋友，都知道钱君匋到北京来了。时任文化部副部长齐燕铭知道钱君匋来北京后就打电话给钱君匋，专门约钱君匋到怀仁堂看戏。齐燕铭此时虽是政府高官，但他同时也是一个家学渊深、造诣很高的篆刻家。他与钱君匋同年，原名振助，蒙古族人，后迁京落籍，其祖父是晚清浙江宁、绍道台；其父亲以写何绍基字及蝇头小楷而闻名遐迩，在北京颇有声誉。齐燕铭年轻时求学于中国大学，追随时任国文系主任吴承仕，治经史之学与训诂，尤其对文字学用力最勤。齐燕铭中国大学毕业后先后在中法大学、中国大学、东北大学任教。抗日战争胜利后，任中共驻南京代表团秘书长，新中国建立后任文化部副部长等职。所以齐燕铭本人既是政府官员，也是一个学问家，他与钱君匋的友情，也源于他的学问，

写字时神采奕奕

尤其是他的篆刻。齐燕铭与钱君匋一样，也是自幼习印。1919年他12岁时，由父亲指授习篆，学习篆刻，他先从邓石如、赵之谦入手，后专门拜京城与齐白石、陈师曾齐名的寿石工为师学习书法篆刻，寿石工是浙江绍兴人，其父亲就是大名鼎鼎的鲁迅的老师寿镜吾。寿石工擅书法，能四体，尤精楷书，有二王风韵，其花卉山水，清隽雅妍，为艺界所推重。齐燕铭随寿石工学篆刻时潜心揣摩《二金蝶堂印谱》，再临刻邓石如、黄牧甫等名家印谱，齐燕铭的治印有邓赵遗韵，古雅朴厚大气。正因为在治印上与钱君匋有共同的认识，二人便成为莫逆之交。据说齐燕铭1958年曾为关山月、傅抱石合绘的人民大会堂巨画《江山如此多娇》刻一巨印"江山如此多娇"，可见其功力。齐燕铭后来也有印谱问世，这是后话。因此，钱君匋到北京办调动迁移手续，老友齐燕铭的邀请，本来没有什么急事的钱君匋便欣然前往。吴光华先生的《钱君匋传》有一段颇具文学色彩的记载，描述钱君匋应齐燕铭邀请去看演出并由此带来意想不到的一桩往事：

　　齐燕铭在门口迎候着钱君匋，把他带进了怀仁堂，刚刚坐下，有人忽然鼓起掌来。接着，在场的人好像有人指挥似的，全都站了起来，掌声也骤然热烈起来。钱君匋站起来朝前方望去，不远处，一个身材高大，穿着中山装的男人，

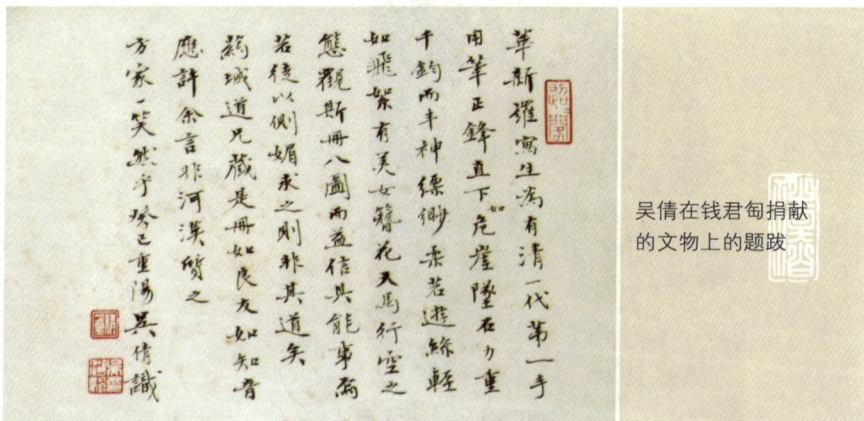

吴倩在钱君匋捐献的文物上的题跋

举着手向鼓掌者摇动致意。钱君匋猛然发现，这不是毛主席吗？毛主席也来看京剧了！他浑身热乎乎了。幕间休息时，齐燕铭带着钱君匋，看望了毛主席。齐燕铭向毛主席介绍说："这位是上海的篆刻家钱君匋先生，曾经给毛主席刻过两方印章……"毛主席笑着把手伸向钱君匋，握手的时候，用浓重的湖南口音说："谢谢你的印章，你刻得很好，非常好。""刻得不好……请主席多加……指点。"钱君匋本来就不善言辞，在这样的场合，更显得语无伦次了。"先生是南方人？""是的，是的……"齐燕铭介绍说，钱君匋先生是浙江人，因为公私合营，在音乐出版社当编辑。毛主席问钱君匋："在北京还习惯吗？"钱君匋说："还好，还好。"看着钱君匋局促不安的老实模样，毛主席笑着对一边的齐燕铭说："刚来北京，一定很不习惯。你们应该对钱先生的生活多加照顾……"钱君匋很激动，一时竟想不出说什么话才好。回到自己的座位上，也是浮想联翩，竟连当天演的什么都记不清了。

钱君匋这激动是自然的，颇为木讷的钱君匋在这样的场合用"受宠若惊"这个词来形容是再恰当不过了。而且仿佛冥冥之中注定钱君

钱君匋在君匋艺术院作画

在新加坡展览
开幕仪式上

匋在怀仁堂见到毛主席之后，让他平安度过1957年这个对知识分子尤其是钱君匋这样有资本家背景的艺术家来说十分凶险的年份。据说，当初文化部在给上海市有关部门传达学习毛主席《关于正确处理人民内部矛盾》的报告时，把毛主席在怀仁堂接见钱君匋的话，作为贯彻"正确处理人民内部矛盾"的例子一并传达下来。连毛主席都要求对"钱君匋的生活多加照顾"，上海有关部门能无动于衷吗？其实，1957年的形势下，像钱君匋这样的艺术家，划个右派是易如反掌的事。事实上，当时上海有关部门已把钱君匋划为右派的请示报告都拟好了，后来看到毛主席与钱君匋的一番话，才把报告压了下来，没有将钱君匋划为右派。然而，这一切，钱君匋这个党外艺术家浑然不知，轰轰烈烈的"反右"运动，竟然自己可以超然物外，仅仅反思、检讨而已！对政治之类向来没有兴趣的钱君匋以为本该如此，时间也就随着岁月流淌过去了。直到粉碎"四人帮"后，曾是钱君匋上级的一位领导与他开玩笑，说：你钱君匋呀，真是"福星高照"，"反右"运动时因为毛主席的一句话，让你钱君匋在1957年平安度过。此时钱君匋才恍然大悟，才知道那天晚上见到毛主席给他带来的机缘、福音！

钱君匋一生中有两位巨人给他留下深刻印象，并给他人生巨大影响，一位是吴昌硕，指点他学问门径，让他在艺术之路上成一大家；

另一位是毛泽东，一次偶然接见，让他一生少受无数的苦难。假如1957年钱君匋没有遇见毛主席，毛主席没有为他说上几句温暖的话，钱君匋划上右派是无疑的事，假如钱君匋划上右派，后来的艺术成就和艺术收藏的历史可能要重写，甚至可能还写不成。所以，机缘对一个人的成就来说太重要了。那次齐燕铭的无意安排，却让钱君匋逃过一劫，估计齐燕铭自己也没有想到。

但是，逃过1957年的钱君匋，在十年之后的"文化大革命"里却再也无法逃脱厄运。这个"文化大革命"差点要了钱君匋的老命，革命革得有点太大了，扫地出门的钱君匋感觉一片渺茫。现在看，如果没有"艺术"在支撑钱君匋的信念，恐怕钱君匋跨不过这混乱的十年！

据钱君匋自撰年谱载，1966年1月，天寒地冻，钱君匋却购得赵之谦篆书三尺屏四条，字写得工整飞舞，为其力作，但条屏的附记中得知当年赵之谦在气候反常的情况下书就。附注中说："光绪元年三月二十一日，北风作寒，阴雨竟日，笔砚皆冻，前数日挥汗如雨也，书成并记。"不料此题记中"笔砚皆冻"一语竟成为钱君匋此后数年的生活写照，但是在1966年上半年，钱君匋还在生活的惯性里，得赵

钱君匋捐献的印章

与龚学平聊天

之谦行书五尺对开屏四条后，让钱君匋欣喜不已。4月，钱君匋在重庆南路166弄4号进行装修，花甲之年的钱君匋在此新居里赏书作画，同年轻人一样憧憬着以后的日子！

　　然而，1966年6月，按21世纪人们的观念，该是大顺之时，但当年这"大顺"之时，即是钱君匋蒙受"文化大革命"劫难的开始。据说，刚开始时，钱君匋因为不是党内走资派，还与小青年一起，用自己的毛笔抄写大字报，但钱君匋抄写的大字报，贴出去不久，便不翼而飞，有心人在收藏他的书法。他自己曾说"余最初尚处于革命阵营，每日撰写大字报。"不料这样的日子没有几天，这位花甲老人便成为运动对象，而且批判钱君匋的大字报铺天盖地，罪名竟是从钱君匋的斋名说起，认为钱君匋的"无倦苦斋"就是"无权可抓"的谐音，认为钱君匋从副总编到编审，在发泄自己失去权力的仇恨。几天大字报的批判，很快将这位花甲之人当代艺术大师列为出版系统的专政对象，连办公地方也扫地出门，改在出版社园内临时工棚内办公，算是牛棚，当时钱君匋虽然在懵懂之时赶入牛棚，但其场景颇有喜剧色彩。他曾说："第二天到社，有人正式通知，自原座位搬出，迁至园中临时搭建之草棚，人方坐定，转眼即见赵家璧，接踵而至，不一回（会），又见包文棣亦至，孙家晋第四人至，李济梁、马云等接续而来，一时牛棚中拥有二三十人之

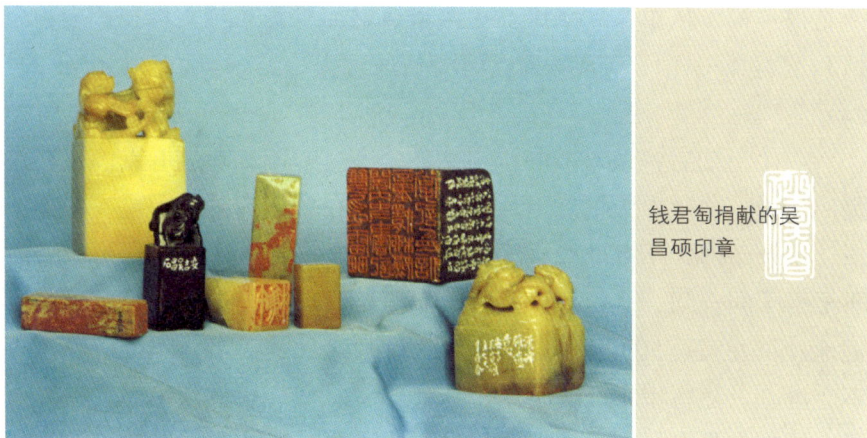

钱君匋捐献的吴昌硕印章

多，顿时空气活跃，声势浩大，但皆正襟危坐，互不相问，绝不交谈，近似五百尊罗汉，遇上满城风雨迎重阳之概。"

这个运动初期的场景，深深地印在这位老人的脑海里。

但是随着"文化大革命"混乱升级，钱君匋开始担心自己收藏的书画及积蓄在混乱中丢失，钱君匋对这种情形看到太多了，每次社会动荡、兵荒马乱之时，总有不少私产流散不知所终，就如人间妻离子散。所以，钱君匋思前想后，觉得在这抄家破四旧运动中，不如自己整理之后上交给出版社的组织——"文化大革命"办公室（笔者杜撰这个机构名称，当年的名称太多变化太快，故先称其为"文化大革命"办公室），于是钱君匋在家里悄悄地整理起想上交的书画文物，老莲居士的，赵之谦的，齐白石的，吴昌硕、任伯年、石涛、文徵明、郑板桥、徐文长、张大千、新罗山人、金冬心以及黄牧甫的印章，吴昌硕的印章、赵之谦的印章等等，罗列清楚后，钱君匋又把自己几十年来办书店积蓄起来的500两黄金取出来，放进一个盒里。第二天，钱君匋叫了三轮车，将书画文物和黄金放上三轮车，直奔上海文艺出版社，上交给出版社的"文化大革命"为公室。然而出乎钱君匋意料的，钱君匋上午这一革命举措，"文化大革命"为公室竟然不接受！下午下班时，"文化大革命"为公室通知他，让他自己保管。但没有半句鼓励的话，这让钱君匋感到很惶恐，不知自己这个举动究

竟是祸是福。从单位到家里，一路上钱君匋提着几包文物和黄金，心情和这黄金一样，十分沉重。他清楚地记得，这一天，是1966年8月24日。

　　一个星期后，钱君匋的担心变成现实。9月2日晚上七点多，钱君匋回忆说："社中大批红卫兵开至余家，在客厅内画地为牢，中置一椅，囚余于内，不准随意走动，随后将妻及妻妹陈学綦、保姆等三人驱至亭子间查问，真是风声鹤唳，不可终日。红卫兵在余家到处敲墙掘地，欲在黄金500两外，再得一批，但黄金尽于此矣，再敲再掘，不会再有。随将室中所有书画、印章、古玩全部抄没，绝无遗漏，至是，始将余释出画地之牢，可以随意走动矣。"钱君匋对这一天的记忆永铭心版！晚年作此回忆已经岁月磨蚀，仿佛在说别人的故事。但是，9月2日晚上这一幕，远比钱君匋自己回忆来得惨烈。当时乱哄哄抄家，让钱君匋痛苦不堪，眼见凝结着自己一生心血的这些朝夕相处研习的书画印章文物被人胡乱地堆在无遮无盖的卡车上，像运垃圾一样运走时，在上海生活了近三十年的钱君匋那里承受得了？卡车在轰鸣声中挂挡起步了，钱君匋不顾一切地追出门去，去追赶卡车，他想

西泠印社一角

让自己与这些生命般的书画文物一起运走，钱君匋那里追得上，一阵心绞痛，钱君匋倒在地上，那些站在卡车车斗里的红卫兵们，连看都不看一眼，带着胜利果实，照样扬长而去。

幸亏从后面赶过来的夫人赶快把钱君匋扶回家里，让他服了药，才算缓过来，他后来曾记述曰："余最爱者为书画、刻印、古玩，现将此项财富抄去，心中非常戚戚！临行追赶卡车，以心脏病发蹾地，卡车不顾一切，疾驰而走矣。"

文物抄走了，运走了，也将钱君匋的魂勾走了！钱君匋有一种从未有过的失落和绝望！其实，从关进牛棚开始，他就生活在苦痛之中，6月、7月这两个月里，他只刻了《君匋私印》、《云气漫山山接天》和《午斋》三个印章，这样的情况在此前钱君匋的治印生涯里是从未有过的，可见此时他内心的痛苦！

1966年的10月1日，国庆节，外面红旗招展锣鼓喧天，越发增添了钱君匋郁闷的愁绪。一生的心血顷刻之间没有了，一生的追求变成两手空空，这种失败感，让钱君匋领略了造反派的威力。其实，更惨的境遇还在等着钱君匋呢。1966年10月，造反派突然闯进重庆南路166弄4号刚装修不久的家里，勒令钱君匋搬出，迁到重庆南路154弄8号，由原来的八间房变为一间房，住惯了宽敞房子的钱君匋夫妇等突然逼仄成一间居室实在无法过日子，当年许多辛辛苦苦积攒起来的家具等，无法摆放，只好忍痛变卖。这对器物有特殊情感的钱君匋来说，同样是一件十分残忍的事。

今天，我们在钱君匋自述的文字里，还可以看到当年遭受非人遭遇的痕迹。有一次，出版社批斗蒯斯曛、钱君匋等二十余人时，让这些年过半百乃至花甲之年的老专家、文化人从集中的"后堂"爬到会场，钱君匋因为排在队伍后面，目睹了前面的人在地上爬！爬到一半时，忽然又下令停止爬行，钱君匋才免了爬着去接受批斗的侮辱，但这一幕深深地刺激了钱君匋。

后来，钱君匋与出版界同人一起下放奉贤干校劳动。一个64岁的艺术大师，去田里插秧种田，与一些饱学之士共担大粪，在湿滑处一

桶大粪泼翻在地，两位文化大家身上全是污粪。不能担粪，头目就让钱君匋他们几位老人种菜，后来钱君匋清楚地记得，种菜"久亦腰坍背直，一行种毕，人已半瘫矣"。"腰坍背直"是钱君匋家乡的一句土话，意思是累得直不起腰来了。

在干校劳动一直到1972年66岁那年为止，钱君匋尝尽了人间羞辱。但一路过来，钱君匋没有自杀也没有自暴自弃，因为经过一段时间磨难之后，钱君匋似乎洞穿了社会发展规律，他明白了历史总是向前的，一时倒退，一段曲折终究要归入大海。显赫一时的人物，风光无限的人物，总归要沉寂的。于是，艺术家的韧劲和信念又悄悄地爬上钱君匋的心头，在1971年9月13日那个特殊事件发生后，钱君匋在狭仄的居室里又开始操刀弄印。在这非常时期，钱君匋想起了指引自己艺术方向的鲁迅先生，他发愿，要刻一部《鲁迅印谱》。钱君匋在1974年悄悄刻成一部《鲁迅印谱》，共计168方印章。不料后来在批"回潮"的运动中，刻成的《鲁迅印谱》被人搜走。从此，钱君匋在"地下"状态悄悄地再刻一部《鲁迅笔名印谱》。并秘不示人，直到粉碎"四人帮"才公开。

"文化大革命"中，艺术家们遭遇各不相同，重者家破人亡，轻者批斗挨骂，钱君匋处在这二者之间，家没有破，但不少价值不菲的书画文物被劫掠，不少珍贵的文物从此在世上消失；人也没有亡，但体罚批斗却一样没有少。本来，60—70岁的钱君匋是艺术上各个方面都是成熟并硕果累累的时候，但却荒废在批斗、写交代汇报、种菜插秧里，这让向来珍惜光阴的钱君匋来说，是无奈，是痛惜，也是不可再追的憾事。

钟声送尽流光，钱君匋在1957年逃过一劫，但"文化大革命"中却在劫难逃，但是，感到欣慰的是，钱君匋终于渡过了"文化大革命"十年这个劫难。

十三、在大师的滋润下

钱君匋是胆小的，"文化大革命"后期，即1975年春节，因托乐秀镐送至程十发之处的素白画册内有丰子恺已画好的一开题为《卖花人去路还香》，后被人告发，说丰子恺先生以此画诬蔑共产党。卖花女郎指丰自己，花是指他的著作言行等。空篮为他的著作已卖光，言行不胫而走，身后有小犬，乃指共产党，跟在丰后面走着，就是说丰可以领导党，完全反党、反动。丰子恺为此又蒙不白之

钱君匋在为君匋
艺术院选址

钱君匋作

冤。丰子恺儿子丰华瞻以为此画是钱君匋检举，便仿父亲丰子恺笔迹给钱君匋写一信，将钱君匋痛骂并宣布绝交。对此，钱君匋同样是一头雾水，面对恩师的来信，钱君匋百口莫辩，因为确实是自己不慎，让丰子恺先生蒙冤，以至这一年丰子恺先生去世，胆小的钱君匋也不敢去吊唁。事后，钱君匋又自责自己胆小。

幸亏后来"文化大革命"结束，真相大白，钱君匋的自责才告段落，后来他在一些文章中曾多次无限内疚和无奈地说起这件发生在"文化大革命"中的往事。

粉碎"四人帮"后，70多岁的钱君匋又全身心地投身艺术之中，创作，研究，几乎是马不停蹄，在与抄走的书画文物发还相见时，钱君匋百感交集，1980年6月，钱君匋双手捧着发还的书画、文物，老泪纵横，13年前卡车从他家里运走时的那个夜晚，自己倒在弄堂口的情形，仍在眼

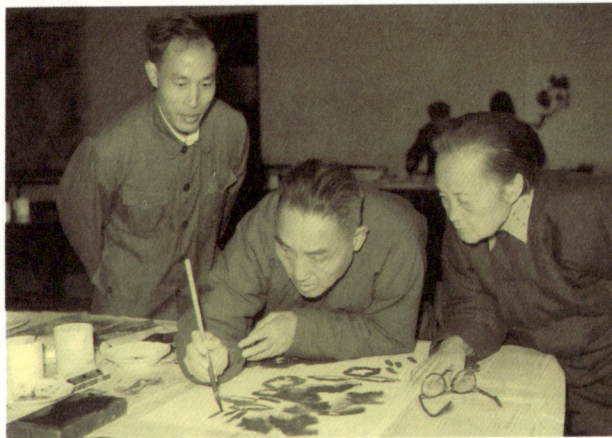

钱君匋作画

前，而这些相睽十三年的艺术珍品在钱君匋眼里，与自己的亲生儿女一样有感情。据说，发还第一批文物的这一天，74岁的钱君匋兴奋地喝了五斤花雕酒！当天晚上还刻了一方让人心酸又百感的印章。"与君一别十三年"！这样直白表达，可见钱君匋内心是何等激烈！刻完"与君一别十三年"，钱君匋意犹未尽，又刻一方"庚申君匋重得"印，边款上刻上一段发自肺腑的一段话："余少贫，攻篆刻、书法、花卉，苦无名迹可循，中岁渐裕，乃广收之，得明清书画印千数百件，以为他山之石。1966年9月2日，尽失之浩劫。越13年，1980年6月27日重归于余，不及其半，我心痛绝！君匋时年七十有五。目眚记于抱华精舍。"钱君匋心头块垒如此，可以想见艺术已与其生命融于一体了。

即使发还一半的文物书画印章，钱君匋仍不用扬鞭自奋蹄的拼命精神，以挽回损失的时间，对艺术的追求达到了前所未有的努力和领悟高度。他论述赵之谦，一生精研到熟稔的程度，20世纪60年代就写过《略论赵之谦》的万言长论，横向置赵之谦于清代时代里，纵向将赵之谦放在中国数千年的艺术历史长廊加以考察，从而将赵之谦的艺术成就彰显在中国数千年的艺术发展史里。钱君匋晚年，对赵之谦书画印的感悟，对赵之谦的艺术之路，依然一如既往地给予高度重视，写了大量有关赵之谦的论文。钱君匋写于1989年的《关于赵之

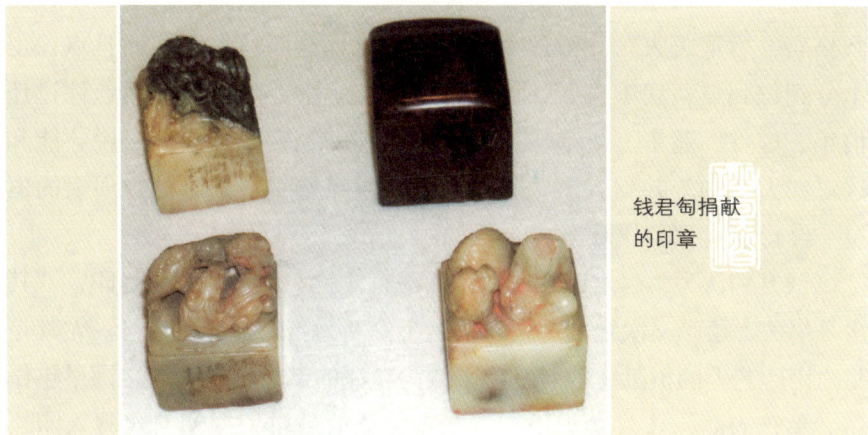

钱君匋捐献的印章

钱君匋捐献
的印章

钱君匋画传 QIAN JUNTAO HUAZHUAN

谦》一文，十分精辟地分析了赵之谦的艺术成就和艺术地位。他在开始第一节里说道："重视赵之谦、任伯年、蒲华、虚谷、吴昌硕这五位大师，不使他们的人品和艺术为浩如烟海的摹古之作所淹没，是美术史家的课题。"然后钱君匋以他独到的眼光和自己长期的艺术感悟，指出"伯年为多面手，造型能力强，受买主趣味制约，有未能免俗处，不掩其雍容高华之妙。虚谷少传统笔墨，而清气横流，似巧而拙，吸收西画不见痕迹，是有出世意味的隐逸诗人，画是其抒情诗。蒲华笔力沉雄又郁茂，过于诸子，贫困潦倒的生活使作品具不平之气。率处不荒，浓烈处亦无霸悍之气。吴昌硕晚于另外四家，引石鼓文入印画，金石味浓，亦有趁才使气处，人为欹斜处，适险破险，韵圆格高，后继乏人"。如此简洁扼要地点评这四位大师，而且点评得十分到位到点，切中肯綮，可见钱君匋艺术学养的根底，而点评过任伯年、虚谷、蒲华、吴昌硕之后，钱君匋的笔锋轻轻一转，说"能和这'四大金刚'并驾齐驱，赵之谦是重量级选手，书画是银河上的恒星，经得起发掘和比较"。

钱君匋认为，赵之谦在艺术方面最有成就和创造性的，是印，"其次是书法，绘画又次之"。钱君匋这个论断为当代学界所认可。尤其是赵之谦印艺上的贡献，钱君匋作了颇为精深的剖析，认为赵之谦早年作品"平秀遒丽、才气功力不弱"。中年能放"单刀深切，化碑入印，写意性极强，……逐渐跳开了浙派规范"。赵之谦"跳出浙派，不忘其长，进入皖派，不为所囿，消化邓石如、巴慰祖古拙浑凝的阳刚之气，和流转妍秀的阴柔之美，在不同类型的作品中变化表现，各得其所"。可见钱君匋的眼光之独特。钱君匋还认为，赵之谦在印章边款的创造上，"开拓了前无古人的新天地"。这个评价不可谓不高。

其实，钱君匋在评价赵之谦的艺术成就时，很容易让人们联想到钱君匋自己的艺术成就，在钱君匋的艺术世界里，就艺术成就方面，钱君匋也是印章篆刻成就最大水平最高，治印方面，钱君匋也十分注重边款，而且创新颇多，引领一代印风。然后才是钱君匋的书法，依次是绘画。所以印、书、画三者，钱君匋与赵之谦有许多相似之处。因此我们今天谈钱君匋的评论赵之谦的文章，感觉他们虽不在同一个朝代但艺术上的胎息是同气相通相求。有人这样评论赵之谦印章的特点是"事实中见势，茂密中求虚，总体中重气，笔墨中存趣"。其实，钱君匋的印章艺术何尝不也是如此呢。

在研究赵之谦书法时，钱君匋同样感悟到赵之谦的艺术神韵，他认为"赵之谦的颜字，用笔凝重质朴，没有其他诸家那样漂亮"。"赵之谦的篆书，开头即跳出呆板的模式，已经自由自在"。晚年"结体更其严谨"。总之，"赵之谦的艺术天赋独厚，在书法上也是奇才横溢，不可一世，于是造成一个很大的气候"。这是钱君匋感悟

1987年11月，君匋艺术学院开院之日，与陆俨少合影

里的赵之谦的书法艺术，其论颇为老到精炼，堪称至论。而且，从钱君匋篆刻家自身眼光看赵之谦的书法，还有更独到之处，他说，"赵之谦的魏书不但用笔写在纸上，还用刀刻在印的边款上，刻出来的比写出来的趣味还要奇特，非常耐人寻味"。在美到大师看出来的别有韵味，恐怕不是一般人都能体悟得到的。

在绘画上，钱君匋认为赵之谦是一位承前启后的大师，"在画法上他启迪了后来的吴昌硕、蒲华、齐白石等人，赵之谦画法的力度已渐趋加强，并且注意到气在绘画中的作用和地位，到了吴昌硕等人，力和气又进一步加强，形成了现代绘画的特点，这是由赵之谦所产生的影响，这种创新是不可抹煞的"。在赵之谦的绘画艺术里，他的设色"别有绝招"，他的用墨"极其巧妙"，在钱君匋看来，赵之谦是印书画方面一个标杆，有一个让人仰观的高度。因此，钱君匋在收藏的文物中，赵之谦的印章、书画是他追求的一个目标，而这个目标是建立在对中国印、书、画深入研究的基础上的。据不完全统计，钱君匋一生写过赵之谦的论文，计有六七篇，如《赵之谦刻印二三事》、《关于赵之谦》、《赵之谦的书法》、《略论赵之谦》、《赵之谦刻印辨伪》、《读赵之谦的白莲》、《赵之谦的艺术成就》等，可见钱君匋本身的艺术学养和艺术追求。

钱君匋对赵之谦的认识理解，是通过研究大量赵之谦的作品的

仿佛又回到童年

得来的，他通过购来105方赵之谦的印章的反复观摩，浸淫在大师的艺术气场里，从中感受到的艺术气息，其心得与其他艺术家自是不一样。

钱君匋的艺术与收藏，是他生命的一部分，无论是艺术还是收藏！

钱君匋除了钟情赵之谦的印、画并从中汲取艺术营养外，他在收藏过程中，对黄牧甫和吴昌硕也有着生命般的热爱，并以他们三位的名号里各取一个字，成为"无倦苦"作为自己艺术创作的斋名，可见其对艺术大师的痴情。

钱君匋以同样的方式即以一辈子的心血潜心收藏并揣摩黄牧甫的艺术精髓。对前辈大师生平的了解似乎更增添了钱君匋的崇拜，他在《我所知道的黄士陵》一文中，对黄牧甫很不情愿高攀的性格十分欣赏，字里行间可以看出，黄牧甫的性格引起钱君匋共鸣，因为有了这样的性格才有黄牧甫伟大的艺术成就，钱君匋点评黄牧甫，认为"黄士陵的篆书，风格属于渊懿朴茂的一路。他的篆刻，主要得力于金文，峭拔诡谲，有新的创获，能在皖浙两宗派次第衰歇时异军突起，独开一派。罗惇曧论他的刻印说：'牧甫先生篆刻力追三代吉金，秦汉玺印，间仿钱币，旁及瓦当，古茂渊懿，峭拔雄深，无法不备。或在若对越，以方重而转奇；或俊或跳跃，以欹斜而反正。随方变化，位置天成，气象万千，姿态横出。前有㧑叔，后有缶庐，可谓印人

听大家对书画的品
评时，钱君匋先生
依然很专注

中之绝特者也。'"钱君匋十分肯定罗氏对黄牧甫的点评，"前有扬叔，后有缶庐"，也正是钱君匋在收藏中所认识和追求的一种境界。钱君匋一生收集黄牧甫印章168方，这个数量，后人是不可想象的，恐怕在国家博物馆也没有这么富有的收藏。更为重要的是，钱君匋钟情于黄牧甫的基础，是深入研究的结果。

　　钱君匋另一个潜心研究的大师是与他有一面之缘的吴昌硕先生。对吴昌硕的崇拜，钱君匋是从少年时代就开始了，他在家乡练字时，乡里前辈就告诉他吴昌硕的字和印如何如何，后来钱君匋一度心摩手追潜心研究摹仿吴昌硕印章，后来见过大师吴昌硕以后，把吴昌硕作为大师偶像来膜拜，让钱君匋的艺术世界里充满了吴昌硕的气韵，尤其是钱君匋印章书法艺术里，气足神旺，深得吴昌硕艺术胎息。所以可以说，钱君匋对吴昌硕，是一辈子的追求，直到晚年还念念不忘，体会日深。他那篇《略论吴昌硕》就是用自己一辈子的体悟心血来写就的，所以文章新意迭出，情韵自然流露，让人有会心有感悟。钱君匋认为，"吴昌硕先生是中国近代史上最有独创性的大艺术家之一"。认为吴昌硕"影响最大的是画，功夫最深的是书，印是书的发展，反过来加强了书画的表现力。而诗和画跋，却是他艺术思想的生动记录。此四者浑然一体而又各有千秋。构成四者的基础则是气"。钱君匋这个体悟十分精到，而强调"气"在吴昌硕艺术中的作用，充

钱君匋捐献
的印章

分体现了钱君匋作为中国艺术大师的艺术智慧。所以，钱君匋认为
"吴昌老书法的基本特征是浑厚雄肆，沉着率真，气足神旺，情趣在
笔墨之外"。"他五十岁前临石鼓，谨守古貌，一点一画，无不毕
肖，个人特色，并不显著；六十前后，遗貌取神；七十岁以后，率真
坦荡，不求态而态美，意境横生，骨力郁勃，飞腾沉着，兴来法至。
人画皆老，而长者风神，兀立面前，达于化境。"可见钱君匋看吴昌
硕，道中眼光十分独特和深刻。

连签名也很认真

至于吴昌硕的印章篆刻，钱君匋的体悟别具一格。钱君匋一生收藏吴昌硕印章152方，仅次于黄牧甫。这些印章艺术滋润了钱君匋一辈子，所以钱君匋说"昌老的印，源于书法，不同于书法，某些地方超过书法。"其实钱君匋这个感觉，吴昌硕先生自己也认为："人说我善作画，其实我的书法比画好，而我的篆刻更胜于书法。"老先生的自我感觉很是颇有意味。现在看来，篆刻是艺术大师的基本功但也是最能体现出功夫的一门艺术！吴昌硕的自述，钱君匋当时看到后，肯定是会心一笑，钱君匋何尝不是这样呢？其实吴昌硕的画在艺术史上是海派绘画的领军人物，钱君匋自然心知肚明，所以他在《略论吴昌硕》一文里，轻轻地说："昌硕先生作画，走的是一条很扎实的路，先从工笔入门，逐渐发展为简笔小写意，七十岁后变成大写意。"还说："缶老之画以气长见性。他说：'作画时须凭一股气。''苦铁画气不画形。''道我笔气齐幽燕。''气充可意造，学力久相倚。荆关董巨流，其气仍不死。'"钱君匋毕竟是钱君匋，一眼就能看出吴昌硕绘画艺术中的真谛。

"无倦苦斋"主人钱君匋毕生收藏赵之谦、黄牧甫、吴昌硕的

钱君匋（右二）在赵冷月书法展上

印书画，成为一代收藏大家，钱君匋从这些艺术大师的作品中受到感奋，从而将自己的一生献给艺术，将自己的生命与艺术紧紧地联在一起。

自然，钱君匋的艺术世界里，不仅仅赵之谦、黄牧甫、吴昌硕三位，其他如丰子恺、于右任等，在钱君匋的艺术世界里也能找到曾经汲收影响的印痕，而且这种浸淫在生命里的艺术影响，让钱君匋为艺术奋斗了一生，终成大师。

历史就是这样，在艺术上，你为她付出，她也有给你回报。钱君匋视艺术为生命的艺术追求，得到的回报，是他为中国艺术界作出了巨大贡献。

十四、一生一世献给故乡

钱君匋为什么能把价值连城的书、画、印章等文物捐献给故里，而有些人拔一毛而利天下的事都不肯做，说白了，是一种境界！那么，是什么让钱君匋顿悟？现在猜想起来，原因可能很多，动因也可以很多。但当初为收藏这些书画、书法和印章充满喜怒哀乐的时候，钱君匋肯定没有想过最终是要捐献的，然而历史的发展以及岁月的无情流逝，让充满艺术智慧的钱君匋想得很多很多，也想了好久

钱君匋与鲍复兴在一起谈印章时，总是很开心

好久。因此说一句抽象一点的话，钱君匋的捐献，不是心血来潮的临时举措！

中国历史上不乏大收藏家，也不缺视收藏为生命的有识之士，但岁月的无情，不少收藏家一生心血常常随着岁月的流逝而不知所终，了无痕迹，后人无法知晓其功绩更无法享受其收藏的艺术精神，一生辛劳依然一片空白；有的大收藏家甚至生前就为收藏巨富所累，子女反目，友朋绝交，最后抱恨终生，郁郁而撒手西去，一生辛苦换来一个惨痛的结局；也有的收藏大家生前孜孜矻矻，省吃俭用，积累了大量书画文物，金石古董，但一旦归天，身后的家属亲人之间却带来无穷无尽的纠结，甚至兄弟反目，亲人离散，老死不相往来，更有甚者为长辈留下来的收藏大打出手走上法庭，收藏变成烦恼。这些不胜枚举的事例，让钱君匋警觉起来，聚拢不易，永久保存更难，永久传承是难上加难的事。然而要处理好这种规律，跳出历史形成的规律，是需要大智慧和大气度的，需要有一件一件地聚拢来时的那种坚韧，需要站到历史的高处去审视的魄力，唯有这样方可有时代的闪光点。钱君匋晚年在一些同辈的身后教训里看到了历史可怕的阴影。所以，他在一些场合里，常常表达出自己对历史的思考和心得。而表达概念最

夫妇俩在君匋艺术院留个影

多的，是关于生命，关于历史，关于人类，关于宇宙。这样的思考让钱君匋与一般大家对财富的理解迥异了。他在《谢谢理解》一文中，多处有这样的思想成分，"七十年在人类历史上不过一瞬"。"对哺育了我们的父老姐妹、对人类不朽的艺术遗产、对多彩多姿的取之不尽的社会生活、对宇宙间最奥妙的矿井——人的内心世界，永葆赤子之爱。"此时的钱君匋早已从孜孜矻矻的一件一件的收藏中跳出来成为一个有博大胸怀和崇高境界的大师了。

社会历史的原因和个人的思想基础，让钱君匋晚年做了一件让懂行的人瞠目，让世俗匪夷所思，又让人崇敬的大事，用21世纪的时髦话语来说，钱君匋向世人公布他的决定："裸捐"出他一生一世收藏的全部书画印章等文物！

这是一个震惊海内外的举动！是一个惊世骇俗而又高风亮节的决定。

自然，钱君匋这个决定，得到了夫人、子孙们一致拥护和赞同。

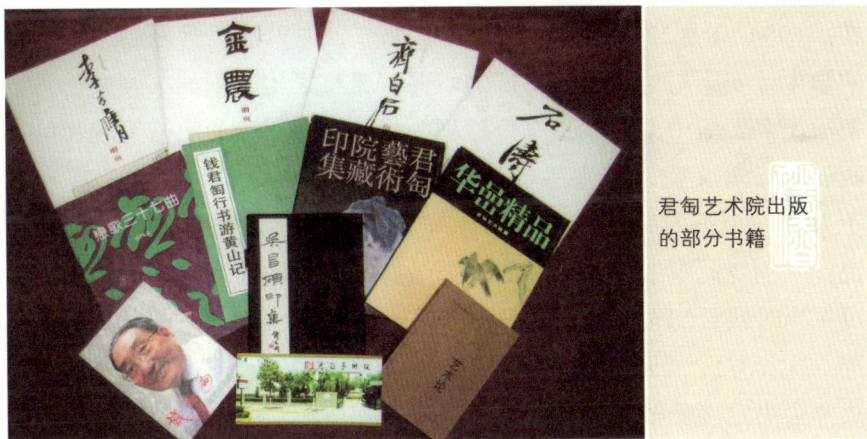

君匋艺术院出版的部分书籍

在签字仪式上

在我看来，提到钱君匋捐献文物的壮举，任何时候都不要孤立地描述，而是要记着与他相濡以沫一路走来的妻子陈学罄女士，也不要忘记钱君匋的子孙辈的每一位与钱君匋一起生活的家人！因为中国是一个亲情社会、宗族社会。

钱君匋向故乡桐乡、祖籍海宁捐献的过程，足以反映出钱君匋站在历史高处的思想和形象。

经历过大风大浪之后颇有大彻大悟的境界，然而又是回到历史的原点，即收藏为什么？钱君匋心里自然十分淡定。他正式向世人昭示自己"裸捐"意愿的，也正是这个时候。20世纪80年代，整个中国刚刚结束以阶级斗争为纲不久，也刚刚在开始寻找中国的发展之路，人心也刚刚安稳下来，77岁的钱君匋就开始为自己的灵魂安放寻找所在。1984年8月22日，应该是个酷暑季节，他思前想后之后，给桐乡的学生计安康写信，表达自己的心愿，愿将毕生收藏的书画文物悉数捐给桐乡，信中说："我有个计划，打算把我所藏的明清至现代的字画、印章等文物，将来悉数捐给桐乡，但有一条件，桐乡必需花几十万造一个钱君匋博物馆（房子完全按博物馆条件造）。"信中还说："桐乡此事如果不成，我将捐予杭州西泠印社或上海博物馆。"可见当时钱君匋先生是真的下决心"裸捐"自己的一生一世了！

次年3月，酝酿一段时间后的桐乡县委、县政府、人大、政协等正式开会决定接受钱君匋的捐献，并决定建造"君匋艺术院"。故乡当

与桐乡县长方七荣在捐献文物图书与建造君匋艺术院协议书签字仪式上签字

局此举与钱君匋的壮举同样值得嘉许。这件事，在当地当时也不是一件心血来潮的事，而是经过深思熟虑作出的一项决定。钱君匋得知后自然欣喜，觉得自己的想法与政府的意愿不谋而合了。故乡来人登记了钱君匋意愿捐献的文物之后，县里领导专门到上海表达政府意见。1985年6月10日，钱君匋向故乡捐献文物图书、桐乡县人民政府建造君匋艺术院的签约仪式举行，下午4点40分——桐乡县县长方士荣与钱君匋分别在协议书上签字。同时还有县公证处的公证员公证这个仪式和协议。在场的同志在钱君匋先生去世后每年仍记得这个时刻！

据初步登记，钱君匋捐献桐乡的书画文物达4083件，书画有1294件，包括明代文徵明、徐渭、陈老莲等22件，清代赵之谦、任伯年、吴昌硕等275件，近现代齐白石、黄宾虹、于右任、徐悲鸿、潘天寿、刘海粟、丰子恺、陆俨少等841件；印章方石有1169件，包括赵之谦石章104方、吴昌硕152方、黄牧甫168方，其他名家石章67方，钱君匋自刻章425方，自用印章253方，其中有珍贵的田黄、鸡血石18方；除书画印章外，还有书籍、拓本、青铜器、陶、砚等共计1620件，可谓蔚为大观。据说当初有专家鉴定，属国家一级文物的有17件，自然这是当年的鉴定，如今鉴定恐怕在数字上会发生不小的变化。至于十多年后在海宁祖籍故里又献出近年所藏，同样是一件值得嘉许的有益于世道人心的好事！

钱君匋一生一世的心血有了安放的处所，让世人看到了他的高风

亮节。然而，安放自己的寄托，仅仅是钱君匋物质层面的考虑，而更高层面的境界，则是希望后人利用他一生一世积聚起来的艺术瑰宝，遗泽世世代代。他在君匋艺术院成立大会上的一番话，足可见其高远的心绪：

> 我今天所有的一切，都是艺术的赐予。当然，用不着妄自菲薄，我也勤奋地笔耕过。我把一切还给艺术，生命有限，艺术无涯，第二母亲——艺术哺育了我，我也有义务，为艺术的发展尽一点人子的微力。这完全是应该的，根本不值得赞扬，值得称颂，只会使我汗流浃背。我虽无知，但早已失去了自视过高的勇气，未来的岁月，仍然是个普通的小学生，向古人，向长者、贤者，向后辈恭恭敬敬地学习，求得一点点进步，于愿足矣！记得在少年时代，初出茅庐的岁月，想观摩一件艺术品，认不得收藏家，店里有精品，也不昂贵，可怜衣食迫人，哪有收藏的可能？历史是反省自我的

感受大自然

明镜，又是创造新我的动力。我在六十年间，一直希望为青少年做点有益的小事，也就是不忘当初观摩名作之难吧。我希望君匋艺术院开门办院，为专家们服务，也为普通读者效劳，这样才能物尽其用，无愧前哲。如果把艺术院办成一把锁，一只保险箱，那就违背我们的初衷！收藏仅仅是为了研究，为了造就新人，这一点恳求领导和朋友们给我以支持。

笔者当时也在场，当时钱君匋的声音并不洪亮，家乡话与上海话夹杂在一起，听起来虽然没有字正腔圆但十分亲切，没有洪亮有力但字字掷地有声。在开院的仪式上老先生作这样的讲话，着实让我们感动。其实，后来的岁月里，钱君匋每次讲话都要表达自己这个"开门办院"的思想，在君匋艺术院成立五周年时，钱君匋依然以掷地有声的语言说："在今天，艺术事业不怕商业文明的挑战，请允许我在这里申明：我们将勤勤恳恳，老老实实，精打细算地过日子，但决不做金钱的奴隶，竭诚尽力地为艺术家的创作、展出和来院研究的学者学生提供方便，……让院内的文物、人员、设施发挥潜力，为繁荣学术服务！为父老兄弟姐妹服务！尤其不能忘记为明天的主人——孩子们服务！否则我院便没有生存发展的权利，历史就是这般严肃！"

五年过去了，钱君匋依然想着如何利用自己一生一世集聚起来的

在君匋艺术院成立大会上

艺术文物，让故乡后人享用。这境界，至今仍有振聋发聩的意义。

钱君匋捐献自己一生一世的心血，无论动机如何，事实就是这样，在历史的顿悟里，无私地献出自己生命般的财富，生不带来死不带去，留给故里的，无论是桐乡还是海宁，都是一种精神！

十五、依然前卫

一个人青年时代意气风发，激进前卫，做一些前卫的开风气的事业，在历史上比比皆是，但到了70岁以后的耄耋之年依然前卫先锋，却是难能可贵，钱君匋就是这样一位长者。

晚年的钱君匋得到社会的尊重，也让钱君匋有机会饱览祖国的锦绣河山。据有关钱君匋年谱记载，粉碎"四人帮"后，钱君匋于1979年2月第一次受到地方领导——柳州市长的专程邀请，赴广西柳州市

夫唱妇随

观光并创作，这是钱君匋晚年第一次在社会这个舞台上亮相——尽管是一次普通平常的亮相，也没有多少人记得，但毕竟是钱君匋晚年的一次值得记一笔的出远门。

1979年是晚年钱君匋颇为得意的一年，上半年去了柳州，受到贵宾一般的接待，下半年专门赴京参加全国第四次文代会，与年轻时就相识的同乡文学大师茅盾相晤。返沪不久，钱君匋到杭州参加西泠印社建社75周年活动，钱君匋当选为西泠印社副社长。钱君匋当选西泠印社副社长是名至实归，他刻了一辈子印章，收藏了吴昌硕、赵之谦、黄牧甫三位大师的大部分印章，在印学上，钱君匋是大家，也是大师，在西泠印社这个全国顶尖印人团体里，钱君匋当选为西泠印社副社长自然是众望所为了——那个年代似乎还不太有托关系混个什么名分，好推销自己作品的念头。

后来，钱君匋去美国、日本、新加坡等国家和香港地区，仿佛是一个不知疲倦的年轻人，几乎是马不停蹄。

在马不停蹄的奔波中，一生养成的学习习惯，让他的思想、观念、识见，依然在同辈中引跑在前面，在他93岁高龄去世的上一年，钱君匋还西装革履远赴新加坡参加《钱君匋书画展》！因此，钱君匋晚年依然能够得风气之先，不能不归功于他善于思考与吸收新的观念！

所以，钱君匋晚年的所作所为，处处闪耀着前卫的思想光芒。在建造桐乡君匋艺术院

在澳门

时，钱君匋事无巨细，详加指点。现在想起来，钱君匋仿佛像当年设计一个封面一样，要求新颖现代、大气，讲究色彩注重细节，谋篇布局讲究整体感，等等。他在给当时具体分管君匋艺术院建设的鲍复兴先生信中，指示具体。鲍复兴先生回忆桐乡君匋艺术院建设时有一段文字，是可以看出钱君匋前卫的观念，鲍复兴先生说："在艺术院的建筑设计上，钱君匋先生一反同辈人所偏爱的格局平稳、曲径通幽式的传统建筑，提出了艺术建筑要简洁明快，具有现代风格。钱老约请同济大学丁文魁教授主持设计，……丁教授十分认真，前后共构思了20多个方案，从中遴选出最佳设计。二层的主楼和风车式的小客房，依树临水，大块的草坪衬映白色的建筑，闪耀着高雅、纯洁的光彩，现代的几何形体融汇了中国传统的韵味，成为当时桐乡最耀眼的新建筑。为了使建筑不落后，选用了铝合金门窗、大理石柱、花岗岩池岸、珍品库整体砼浇捣而成，并配上电子报警系统，这在当时是十分高的建筑标准。"鲍复兴先生还说："正是由于钱老的超前理念，才使君匋艺术院的建筑在今天看来依然大气简约，清丽可人。"

从建造君匋艺术院上，钱君匋的艺术理念与他的封面设计，新诗

刚刚落成的君匋艺术院

创作一样，一直走在前面，走在时代潮流前面。

钱君匋在建造君匋艺术院和如何办好君匋艺术院问题上的观念观点，在今天进入21世纪20年代，依然先进、前卫。同样，在建筑美学和如何办博物院问题上，恐怕至今还有不少专家的水准与钱君匋还有不小的差距呢！

同样，钱君匋在海宁留下的最后一笔——海宁钱君匋艺术研究馆，无论是建筑造型设计，还是内容特色要求，都是一般年轻人所想象不到，整个建筑设计大气、清朗、现代，充分体现了钱君匋晚年前卫的精神风格。

在不少清高的文人看来，去柜台签名售书是一件不大乐意的事，觉得自己辛辛苦苦写出来的书，是自己的智慧和思想的结晶，岂可随便当商品在商店的柜台前吆喝？！认为这样与卖服装卖食品有何区别？所以，至今绝大部分写作者不大愿意走到前台，在大庭广众面前签名售书、吆喝卖书。但是，钱君匋却没有这样想，站柜台签名售书是一种正当合法的推销，与写作动机是并行不悖的。而且他在晚年还为读者签售有关自己的书呢，据《钱君匋及其师友别传》作者程天良先生回忆，就在钱君匋先生去世前两个月，钱君匋还在为《钱君匋及其师友别传》一书签名售书，签了一百多本！一位92岁高龄的艺术大师在书店柜台前为人签名售书，其情其景是何等的感人，其实，真正

与陆俨少、谭建丞
在君匋艺术院

让人感动的是他那颗永不言老的心！

正因为他这种不言老的心理和前卫的观念，让钱君匋最后的十多年过得丰富多彩，吴光华先生曾说"钱君匋最后的10年，是忙忙碌碌的10年，是活动频繁的10年，是飞来飞去的10年，是出书最多、办展览最多的10年，也是他青春焕发、在艺术上有所突破的10年。"这看法颇合钱君匋晚年的实情。不过，我们今天来认识钱君匋最后10年的忙碌，与普通老人的颐养天年有着很多不同，而最大的不同，是观念的不同，因为钱君匋有着十分前卫的思想，然后才有他忙碌的行动！他80岁那年，西装革履，满面红光，应美国西雅图华盛顿大学和三藩市斯丹福大学的邀请，第一次去美国访问。80高龄第一次长途奔波去美国访问，这本身就是一件让人回味的事，然而更让人回味的，是钱君匋在华盛顿大学的演讲，80岁的钱君匋用弄惯刻刀和握惯毛笔的手，去操作幻灯机，一幅一幅的幻灯画面，展现在异国艺术家面前，让异国艺术家们大为感动。后来，85岁那年，钱君匋又飞赴美国，依然神采奕奕；而最后一次出国是他88岁那年赴菲律宾和新加坡，这飞来飞去之间，让钱君匋的艺术观更加充满活力和创造力。他曾让君匋艺术院去日本进行商业艺术交流，为君匋艺术院开辟了一个新的发展思路；他还在世界各地尤其是东南亚一些国家和地区，频频举办个人书画展，这在一般人看来可为可不为的艺事，钱君匋却以极大的热情努力促成这些个人展。其实，这不是钱君匋自己对名利看得重，而是他像青年艺术家一样，想通过国际交流，进一步开阔自己的艺术视野，让自己的艺术宝库不断得到丰富和充实。我常在想，假如钱君匋晚年像一些艺术家的晚年一样，手捧古籍经典，诵诗作词，哦吟时光，晚年的钱君匋会有如此激情和现代吗？假如晚年钱君匋闭锁在自己的书斋里，不与国际上的艺术家交流，不去国外举办书画展，晚年的钱君匋有如此艺术眼力吗？还有，假如钱君匋晚年蜗居一室，或回乡在沙渚塘边垂钓，他对自己的生平有如此通达的境界吗？因此，晚年钱君匋的风光奔波，并不是名利的驱使。他有一篇短文，但题目却让人振聋发聩，叫"九十方知我无知"！这样的人生感悟，岂是局促一隅的

1986年在美国华盛顿大学讲学时的国画示范

人所能感悟得到的，他回忆自己的印、封面设计、音乐创作以及书法方面的成就，却深感自己的不足，这就是一个大师的虚怀若谷！

其实，晚年钱君匋依然揣着梦想行走在艺术之路上的，1993年，也就是钱君匋86岁之时，他对艺术上仍揣有梦想，什么梦想？就是"突变"。他在一篇《我梦想艺术上的"突变"》文章里，表示生活上"不会再有什么梦想"了。"但是在艺术事业上，我的确还有一股雄心壮志，那就是一个'突变'的梦想。我要把我们艺术面目、思维变得全新，走在时代的前面，决不停留，这种梦想是有的，年纪虽然老去，永远也不会泯灭！"这位86岁的艺术大师，灿烂的夕阳当朝霞，所以，他的艺术观念、生活态度、永远这样前卫这样先进！

钱君匋在一篇题为《谢谢理解》的文章中也表达了同一个意思，他说：

面对21世纪，我很乐观，心境很年轻，想做的事很多，可惜能实现的事不会太多。我要放下一些艺术门类，如装帧、音乐、编辑、翻译、新诗，也因为视力限制和篆刻告别。不能再在这些领域里为好友们效劳了，请求谅解！我将集中精力从事书法和国画的研究与创作，努力发掘潜力，放手，细心，也许会有点小成绩，报答吾土吾民，尽到小学生的责任！

多年来，我呼唤童心和青春，今天她终于来到我们心头，来到我们骨肉至情的朋友之间，我相信大家同我一样留恋，它将给我们力量、欢乐与智慧！友谊的温泉万岁！

这就是思想前卫的钱君匋！一个洋溢着青春活力的八九十高龄的艺术大师！所以，当我们回顾钱君匋一生走过的道路时，时间早已进入新世纪而且进入21世纪10年代了，但今天的艺术界，仍然需要钱君匋那种不断突破、不断创新的艺术气息。

有妻子牵着挽着，钱君匋在惊涛前坦然开怀

十六、小气与大气

认识一件事很难，认识一个人更难。

1984年，77岁的钱君匋在一篇《略论吴昌硕》的文章中，开篇有这样一段文字："每一位伟大人物，和我们在同一空间呼吸的时刻，未必能理解他的价值；等到他一朝谢世，时间造成了历史的距离，后辈才能看出他的精光异彩。伟大，不是指地位、财产、浮名，而是指人品和贡献。"同样的意思，我记得上一年，即1983年春天的

夫妇俩沐浴
的晚霞里

一次纪念茅盾的学术讨论会议上，周扬先生也说过类似的话，他说：
我和茅盾长期在一起工作过，"但是我深深感觉到，对他的认识还是
不够的。不但对鲁迅的认识不够，对茅盾的认识也是不够的。尽管天
天在一起，有一段也住得很近，他住在前面，我住在后面，毗邻而
居，但是我也不能很深地认识他。当然也许有人比我认识得更多，我
觉得对茅盾同志，一直到他去世的时候，也不能说我完全认识了他。
所以认识一个人，特别是认识一个伟大作家，也并不那么容易，这需
要时间"。周扬的话和钱君匋先生的文字道出一个相同的道理，即认
识一个人需要时间和历史的积淀。这恐怕是一个认识人的规律。

钱君匋一生，因为进步——不是革命意义上的进步而是时代意义
的进步，因为勤奋，因为坚韧，也因为想在艺术人生上办点可以流芳
百世的大事而常常在生前招致误解。

钱君匋在上海崭露头角之后生活并不贫困，相对比较富裕，不
仅衣食无虞，而且还有余力去收藏名家书画文物。但在十里洋场他从
不花天酒地，从不挥霍浪费。因此，在待人接物上注意礼数而反对浪
费，在场面应酬上讲究商来商去，礼来礼往。当年钱君匋对远道而来
的朋友，热情而有礼数，客人来了，让座沏茶，有时还亲自为客人剥
糖果。中午用餐时，便让客人去弄堂外某餐馆吃饭，并说那一家饭菜
价廉物美。当时大家都说好的好的。老先生送到门口止步，目送大家

与时任桐乡县副县
长的朱国勤在君匋
艺术院

远去。所以在世俗的眼光里，钱君匋太精明了，到吃饭时却让客人自己去找饭店吃饭。隔了一层远远看去，似乎钱君匋先生把金钱看得太重了。似乎一个有钱人应该慷慨，在待人接物上不应该这么小气，对这些的世俗非议，一心向艺的钱君匋一笑之后，又曾无奈地向一位友人告白过："我姓钱，也爱钱。没有钱怎么办事？所以我对稿费一分不少拿。但我又不做守财奴，只要合适，一分一分地挣，一万一万地花。"道理很简单，他自己说自己"是凡人，不是神"。但是，钱君匋即使一分一分地挣，也是有底线的，日伪时期上海有许多发财的机会，但钱君匋不为所动，保持自己的人格操守。抗日战争胜利后，钱君匋经营的万叶书店有国民党指定的中小学教科书的印行权，但钱君匋深知其中分量，有了教科书的印行权，就意味着白花花的银子滚滚而来，钱君匋权衡结果，没有去印行国民党的教科书而是走音乐出版的专业化路子，放弃了在世俗眼光里的发财机会。事后他说："你印行国民党的教科书，你就得听国民党的，你就得国民党之命是从。"他保持了一个艺术家的气节。钱君匋认为，金钱既可以造孽，也可以造福，他是要把金钱作为造福来做的。他曾以艺术家的性情，以自嘲的口吻刻了二方印章："人间造孽"、"嫌其铜臭"。并在其中一方印章的边款上刻上"（我）其实是个没钱的人，无所谓铜臭。不过姓了钱，就不免带着一些了。"其内心况味可想而知。钱君匋是商来商

钱君匋故居

钱君匋与邵洛羊

往，礼来礼往的，你用他的智慧用他的艺术赚钱，为什么不收你的钱呢？但钱先生生前又为礼数而无偿送过多少人他自己的作品，包括书画印章，今天已无法估计。所以在世俗偏见面前，一代艺术大师也只有徒呼奈何。

如果钱君匋这种零敲散打的表白，有些书生意气外人一般不易明白的话，那么钱君匋先生晚年那大气磅礴的无偿捐献举措，让世俗让偏见者无言以对！4000余件珍贵文物，一辈子的心血，并不是用人民币所能衡量的，文物价值可以连城，但是一生"心血"则是无价的。这在全民收藏的今天，钱君匋的捐献举措，意义更不一般了。所以今

与时任桐乡县长方士荣、副县长朱国勤在一起

天在钱先生百余年的历史节点上看钱君匋，他并不是小气之人，而是大气，大气到了无私的境界。

20世纪80年代初，钱君匋思前想后决定将自己一生收藏的文物悉数捐献给国家，在文艺界、书画收藏界掀起一场轩然大波，不理解的，认为何苦这样呢?好不容易到了今天，好好享受才是；误解的认为钱君匋在作秀，在沽名钓誉！当然也有理解的，最理解的莫过于钱君匋自己的夫人和儿子们，正是他们的全力支持，才让钱君匋得以完成自己这个心愿。1985年6月10日，钱君匋先生与桐乡县县长方士荣签下了无偿捐献自己一生的收藏文物和自己的作品的协议，立下一生无悔的字据！1985年11月10日，钱君匋偕夫人随众人来到故乡的县城城南的一块5亩大小的土地上，挥锹为即将诞生的君匋艺术院奠基。那天，秋阳高照，场地上彩旗飘扬，人们兴高采烈。毕竟，这个地方是诞生过茅盾和丰子恺的地方，现在钱君匋又要将自己一生心血洒在故乡的热土上！就在钱君匋挥锹一年之后，一座亮丽的君匋艺术院落成在故乡桐乡县城。1987年7月，钱君匋像送自己女儿一样（尽管钱君匋没有女儿），含着热泪，在上海家中亲手将自己收藏的文物一件一件地交给桐乡来接收的人手中，这些伴随着钱君匋一生的瑰宝，就像他一口一口喂大的孩子，现在要嫁出去了，这些视同生命一般的瑰宝现在要让别人去保管了，钱君匋百感交集，双手有些颤抖，不停地

君匋艺术院

对来接收文物的同志说："捧好、捧好。"

在钱君匋将一生收藏无偿捐献给国家，人们在欢呼和褒扬之余，可能都没有体会其收藏过程的艰辛！这些价值连城的文物的聚拢，恐怕钱君匋就每件文物的来历故事哪怕一方小小的印章，都可以讲半天。真有点像古代农夫种粮"粒粒皆辛苦"的味道。其中有兴奋，有心酸，也有无奈。这里，我们可以回放一下前面说到过的往事，桐乡君匋艺术院里有一幅徐文长的《芭蕉梅花图》是20世纪40年代钱君匋花60元从一个文物贩子手里购得的，因为破旧，钱君匋又花120元请装裱专家严桂荣重新裱糊，破损处，请著名画家张大壮接笔，竟然天衣无缝，让钱君匋兴奋不已。这幅画已成为今天君匋艺术院里珍贵名画之一。1954年的一个大雪纷飞的日子，钱君匋赶到天津观赏赵之谦的105方各类印章，可惜要价2000元，相当于钱君匋一年的工资，无奈中的钱君匋只好怏怏而归，但已见过面的那些稀世珍宝对篆刻家钱君匋来说，是无论如何无法忘怀的，经过友人几个月的讨价还价的努力，在1954年的除夕前用1500元购得赵之谦的105方印章，此时的钱君匋自己用"欣喜若狂"来形容自己！20世纪50年代，在北京的钱君匋购得新罗山人的8本册页，花了1800元——当时也算高价了。结果画商玩了个花招，在第8本里抽出两张册页，待事情过去两年，画商又将新罗山人的其中一张册页送进荣宝斋，荣宝斋随即告知钱君匋，说：这张册页是你8本册页里抽出来的，如果你要，寄200元来。弄得钱君匋十分无奈，只好再出高价购回。因为收藏贵在完整，倘册页残缺不全，就会影响收藏价值！还有，一些造假者以高超手段骗过一些艺术大家，当年黄宾虹老先生推荐钱君匋买一张徐文长的条幅，后来钱君匋发现这竟是一幅赝品！当然这种"学费"是作为一个鉴赏家而言，必须付的。类似的经历是可以让钱君匋写篇长长的文章。

钱君匋收藏书画文物，并非完全像有钱人那样纯粹收藏，更不是当今一些收藏者为了投资为了附庸风雅，而是为了学习观摩，为了保存祖国瑰宝。他早年学画学书为了一睹真迹而在收藏家的门外徘徊无数遍，让他尝尽学书学画的艰辛。他曾说："余少清贫，攻篆刻、书法、花卉，苦无名迹可循。"为了看一册《芥子园画谱》和《流沙坠简》，曾在邻居家徘徊好几个小时，多次遭到白眼。所以，即使晚年他捐出所有收藏后，对坐落在桐乡的君匋艺术院的寄语，仍是"开门办院"一句话，希望让更多的学书学画学印章的学子们艺术家们能看到钱君匋一生收藏的这些文物，从中吸取艺术精华，避免重蹈自己当年艰辛的覆辙。这胸怀，真有点"博爱"的风范。

钱君匋一生，平心而论是颇顺利的一生，青年时代即进开明书店，用自己所爱好的封面装帧跻身上海出版文艺界，又得到鲁迅、茅盾、郁达夫等前辈的肯定，同时业余时间又默默地在书画、篆刻、收藏诸方面努力，与出版界供职的生存发展相得益彰，之后又是创办股份文化公司——万叶书店，家境丰裕。新中国建立后又是与中共高层友善，1957年得贵人相助逃过一劫，晚年又与中共高层建起友谊，如与乔石先生的交往便是一件晚霞满天的盛事。"文化大革命"中遭遇值得同情，但连国家主席都投入牢狱，遭非人折磨致死，遑论其他，与钱君匋同时代的人恐怕百分之九十都逃不脱"文化大革命"的厄运，抄家、批斗、游街等都是司空见惯，像钱君匋这样没有革命背景却有巨大艺术成就的人，能度过十年"文化大革命"，实属幸事！

钱君匋的晚年可谓春风骀荡，晚霞满天，而且他的艺术创作成就与艺术境界都达到至善至臻的地步。他积一生的文物收藏捐赠国家的

坐落在海宁西山脚下的钱君匋艺术研究馆

举措，开"文化大革命"后艺术界捐赠之先河。此事估计钱先生想得很多，自己的思想斗争很激烈，但历史上收藏大家的结果和教训，让钱先生大彻大悟，钱先生由自己年轻时学画无门想到天下书画爱好者的困窘。所以，当故乡提出建君匋艺术院时，钱先生一拍即合，成为浙江乃至全国书画界、文博界、艺术界的一件让人乐道的盛事！一件永远有益于世道人心的事。

将自己一生苦苦用心血搜寻的宝物在人生的晚年又双手捧给后人去保管，不再与自己朝夕相处，不再"一别十三年"，而是一别"永远"！这是需要何等的境界、何等的胸怀、何等的无私！后人，乃至再过五十年，再过一百年后的后人见到钱君匋一生收藏并从中吸取艺术营养时，那些书画学子对钱君匋先生的无私奉献会是有怎么样的心情?我想，那时那些书画学子们吸取的不仅仅是艺术营养，还有钱君匋先生那种对民族对国家无私奉献的精神，那种对艺术不懈追求的精神！

我想，这样的流芳百世，当今中国真是多多益善！

因为生前的无私奉献，方能身后的流芳百世！钱先生不是小气而是大气，这一点，钱先生君匋是无愧的。

钱君匋作

钟声送尽流光

附录：钱君匋自传

我原名玉棠，亦名锦堂，从上海艺术师范学校毕业后改名君匋。原籍浙江海宁，住路仲镇，清光绪三十二年丙午除夕（1907年2月12日）出生于桐乡屠甸镇。幼小时候，喜欢看父母养蚕作茧，还有桑葚、蚕蛹可吃。后来父亲在家对门河沿租了房子，开一家竹器小铺，兼做民办信局，送信按路程远近收一些资费，还承接汇兑银票业务。我常常替父亲当小"邮差"，手勤脚快，收递从来不会错。父亲还有一条木船，每天自屠甸航行到硖石一个来回，既代办了汇兑又能少量载货搭客，收些汇费、脚钱。这样勤勉，家境还是清贫。母亲养育我和四个弟妹，操持家务。她为人勤恳、心灵手巧，剪纸花、做纸金锭能独出心裁，非常精致，业务非常发达。母亲常喊："玉棠，帮我剪纸花。"我会模仿着静心地去做。在父母的教育下，从小养成做事认真细致的习性，无论和同伴做手工玩具，还是写字作画，肯动脑钻研，学一样像一样。

自从退了私塾，进石泾初小读书，各门功课都很优异，三年级时跳了一级，升入高小，毕业后考入嘉兴第二中学。这时我迷恋绘画，影响其他课程，结果因为作文关系与老师起了争执，被校方除退，只

好回家自学。

16岁参加工作，到屠甸西面的桃园头当小学教师。乡村学堂非常简陋，全部教职员工只我一个人，几个班级学生合在一间屋里，乱嘈嘈的。我想办法布置作业和不时讲点故事，让课堂安静下来，逐班施教。县里来检查说："这样安静的课堂从来没有看见过，不错。"教了一学期，得钱作民老师介绍，到上海艺术师范见丰子恺老师，被允许免试入学。

我从吴梦非老师学图案，跟丰子恺老师学美术。丰老师是教务主任，很忙，也不教音乐，却让我听他拉小提琴，还告诉我只画画是不够的，可以学点其他课程。我就去跟刘质平老师学音乐。老师教课都很严格，我学得也很刻苦。三位老师教学风格不同：吴老师是很柔和的，"这个地方不对呀"，声音前绕后绕很好听的；丰老师是讲道理引导思考，不过时常讷讷冲不出口；刘老师则脾气急，弄不好给他抓起手来敲钢琴。我学乐理、学钢琴理解得快，一学就会，从没让老师敲过。学图案比较曲折。开始画来画去画不好，同寝室的同学陶元庆说："不是这样画法的，你弄错了。图案不同于自然画，要通过你的艺术想象加以变化……"我受了启发，飞快开动脑筋，一遍遍地"艺术想象"，反复勾勒"变化"，笔下几条波浪逐渐化解，成了像戏袍下摆海水生发一样，飞溅卷抛起来，浪峰之间交叉着转换方向，左右向分敷咖啡和青灰色，每个波浪中画一颗水珠，水珠是黑色的，两波浪之间的空隙安排像条鱼，水珠恰好成为鱼的眼睛。元庆一看，眼睛也亮了，说："你交上去，保证有高分好拿。"果然得了一百分。从此心领神会，大有长进。毕业作品上画的是一只兔子、一朵小花、一棵树，树上只有几片叶子。这幅图案后来印在开明书店出版的信笺上。美术课考试是到杭州即景写生。我先画"苏堤春晓"，因为老师已画过这个景色，相比之下差距明显。另画一幅"夕阳山色"作为毕业卷子，得老师认可。钢琴考试不顺利，考试前上了同学的圈套，跟他掰手腕，结果手指掰坏了，琴键上跳出的音调硬邦邦的，先生摇头。等到手指恢复功能补考，才算过关。

每逢节假日，我总是到城隍庙去溜达，在旧书铺消磨半天。只要一本书里有一幅画或一篇文章，我认为好的，价钱还算便宜，就买下。书页破烂不要紧，自己动手修补。每次淘旧书店，总要买几本，回来仔细琢磨。跑书店成为我一项业余爱好。有些名家画册和碑帖价格昂贵，实在买不起，我借试看机会快速强记，回来笔录。那时店家待客讲究和气生财，买不买并不计较。去的次数多了，有时还搬凳子让坐着阅览，我真当作学习的好去处。

1925年7月，我从上海艺术师范学校毕业，以后的两年里，辗转海宁、台州、杭州、诸暨的几个学校教课，任职时间都很短暂。杭州的浙江艺术专门学校，是我们几个同学集资办起来的，我教图案也是尽义务，再到其他学校兼点课。同在浙江艺专共事的同学沈秉廉、陈啸空、邱望湘和我，组织了"春蜂学会"，主要活动是创作抒情歌曲，我偏重作词，但也作曲。当时上海有个《新女性》月刊，我把歌曲寄给主编章锡琛，得到了发表，这就是第一首歌曲《你是离我而去了》，我作词，陈啸空作曲。章锡琛复信说："你们的歌曲非常好，希望每期寄一首来，我都给发表。"我们双方认真履约，一方努力创作，一方按期刊登。我们的歌曲是自己认为很有水平的，曲调动听，歌词新颖，格调比一般流行歌曲、通俗歌曲要高得多，这也是促成《新女性》销量上升，竟至供不应求的原因之一。后来《新女性》月刊扩大成为开明书店，章锡琛问我是否愿意到书店做事，我当然求之不得。进店后担任音乐美术编辑，包括书籍装帧，同事还有赵景深、索非等，连章"老板"才六个人。书店规模不大，坐落在宝山路宝山里，离商务印书馆不远。商务印书馆的人大都是章锡琛的老同事，有沈雁冰、周予同、杨贤江、胡愈之、钱智修、叶绍钧（叶圣陶）、郑振铎、顾均正、徐调孚等。他们惯常在下班后踱到开明书店海阔天空聊上一阵，"放松放松"。这些人当中，我年纪最小，刚二十出头。

商务印书馆没有专门搞书籍装帧的人，书籍、杂志的书面、插图都非常单调，见我能写能画很欣赏。先是周予同提议要我写一套铜模字，这工作量太大，难以承诺。沈雁冰就委托为《小说月报》画书

面。接着《东方杂志》、《妇女杂志》、《教育杂志》、《学生杂志》一个个接踵而来，总之最具影响的商务五大杂志都由我画了书面。同时，沈雁冰、鲁迅、胡愈之等作家的作品，也请我画了书面出版。这样一来，名声在外，要求画书面的越来越多，居然有光华、亚东、现代等几家书局抬出我的名字招揽出书，说："你的稿子由我们来出版，可帮你请钱君匋画书面。"当然，开明书店出版的书籍装帧，全部出自我的手。每次我将画好的书面送给章老板过目，他总是说"很好"，一锤敲定，从来没有给改动过。为沈雁冰、巴金等几位作家设计书面，他们都是谦和地说"满意满意"。一天，鲁迅先生到书店来，见我设计的《寂寞的国》、《尘影》、《春日》等几种书面，对我说："不错，设计得很好，受了一些陶元庆的影响是不是？但颇具你自己的风格，努力下去是不会错的。"隔了一个月，陶元庆约我去鲁迅先生家拜访，话题转到书籍装帧上面，先生取出精美的汉代画像石拓本，逐一指点讲解，鼓励我们从这里借鉴，扩展装帧艺术构思。后来我在书籍装帧上注意突出民族风格和中国气派，如《古代的人》、《中原的蛮族》、《东方杂志》等书，运用汉唐画像技法来装帧，鲁迅先生称赞说，这是书籍装帧的一条道路，并把他自己的译作《艺术论》、《十月》、《死魂灵》交给我装帧。

我是个想干一番事业的人，无论在文艺方面还是其他方面，都非常抓紧，每天工作、自学12个小时以上。做事非常敏捷，既快又好，所以能在短短几年中画出一千多幅书籍装帧稿。比如今天约定完成三个书面，晚上我把书稿一翻，很快三个书面做了出来，大都是比较成功的。我兴趣广泛，学的门类不少，有书法、绘画、装帧、刻印、文学、诗词、歌曲、器乐，甚至还有儿童歌剧等，不是一般的涉猎，是深入探索，力求有所成就，这样就约束自己珍惜时间，从来不肯随便闲散。读书、办事或者生活起居，我喜欢安排得井井有条，不眉毛胡子一把抓。看到有些艺术家爱即兴挥洒，书籍、用品堆得桌上地上到处都是，杂乱无章，这个风范我不敢苟同。

文物收藏是我一大嗜好。什么东西到我手里都会井井有条地收藏好。我画过一千几百件书籍装帧，家里就保存五百多幅实样。在开明书店，每月工资23元，画一个书面稿酬15元，求画的络绎不绝，所以收入比较多。这些钱除赡养父母、资助学生和日常花费外，就是收藏文物了，主要收购名人书画和印章，目的是借鉴、欣赏，提高自己的艺术修养。收藏文物几乎花去所有积蓄，但我宁愿节衣缩食，省下钱来扩充藏品。

开明书店的章"老板"很开明，书店同仁只要不耽误本职工作，可以外出兼职做事。我在唐山路澄衷中学兼课，在澄衷的宿舍里自己备有钢琴和留声机，时常练习或者作曲。同校小学部的级任老师陈学馨女士也爱好音乐，向我学钢琴。她是苏州第二女子师范毕业的，我们志趣相投，终于结成百年之好。1929年后，我再兼爱国女学、复旦大学、同济大学、浦东中学的音乐、美术课，教课负担重了就辞去书店工作。担任开明书店编辑共七年，编过不少书，仅丰子恺老师的音乐书籍就有多本。我自己也出了《摘花》、《金梦》、《夜曲》等抒情歌曲集及《小学校音乐集》、新诗集《水晶座》等。抗日战争前两年又兼神州国光社编辑，出版了《美术丛书》第四集，完成了黄宾虹先生没有做完的工作。

"八一三"淞沪抗战爆发，全家退到家乡屠甸。日本军队登陆金山卫，我们又往内地撤退，到过长沙、汉口、广州、香港，都不是长久之计，第二年夏天还是回到"孤岛"的上海。我与友人李楚材、陈恭则几个人商量，怎样为抗战做点宣传工作？商定合伙创办万叶书店，在海宁路咸宁里挂出招牌，我被推为经理兼总编。开张初期资金短缺，我们以赊欠方式出版《小学生活页歌曲选》、《儿童画册》，经营各种小学校用书，一步步打开局面，然后出版《文艺新潮》月刊和《文艺新潮小丛书》，又出版内容以大后方和抗日根据地的文艺新作《第一年》、《第二年》等进步书籍，宣传抗日真理。万叶书店的积极行动被当局察觉，我遭到传讯，压力很大。但是我们不改初衷，营业反而蒸蒸日上。到抗战末期，万叶书店发展为股份有限公司，形成规模可观的出版企业。

抗日战争胜利后，我将万叶书店办成中国独一无二的音乐专业出版社，不仅出版完整的音乐体系书籍，还着力翻译大量西洋音乐理论、传记。新中国建立后，合并教育书店和上海音乐出版社，易名为"新音乐出版社"，我任总编。两年后迁北京，与中国音乐家协会合营。改名"音乐出版社"，即人民音乐出版社的前身，我任副总编。1956年我被借调回上海，筹办上海音乐出版社并任总编。不到两年上海音乐出版社撤销，并入上海文艺出版社，我改任编审。解放初期，出版物比照苏联办法，稿费很高，我有比较充裕的积蓄购买文物，收藏日渐丰富，其中仅赵之谦、吴昌硕和黄士陵印章就分别有百数十方之多，还在不断增加。后来，上海音乐学院在所写的《中国现代音乐史》征求稿上，对我和其他几位同行作了不公正的评论，使我难以接受，再加上社会活动甚多，无暇创作音乐，只得放弃音乐出版工作，挂名休闲了。

"文化大革命"中我被当作革命对象，遭受抄家、批斗、扫地出门、关"牛棚"、监督劳动，直到当臭老九挂起来。家被抄两次。抄家时，挖墙洞、撬地板，实施彻底搜掠。眼见鲁迅先生给我的亲笔信札将被掳去，又要把齐白石、于右任、吴湖帆等人的作品撕毁或焚烧，我心痛至极，想护住这些文物，被红卫兵用直尺猛劈过来，尺上铜皮砍入后脑，顿时鲜血直流。折腾了6年，到1972年被强令退休。万叶书店是由我和夫人陈学韫一起投入全部精力财力创办的，为了这段经历，她也招来麻烦。公私合营后她搞出版社工会工作，运动一来就剥夺了她正常工作权利，之后只好退职了。这时我们被驱住在一间斗室里。枯守四壁让时光自流，我心有不甘。于是默默奏刀，镌刻成一套《鲁迅印谱》。不料造反派们突然搜查，指斥我是"借鲁迅之名为自己树碑"，不由分说攫夺而去，留下"勒令"，叫我到单位写检查。检查写了整整一百天，其实是变相扣押，剥夺我创作权利。尽管坎坷不断，我回家后决意再刻，费好长一段时间刻成第二套《鲁迅笔名印谱》。两套印谱共366方，它和我其他许多作品一样，每一件每一方，每一笔每一刀，都是用心血和意志磨砺创作出来的。我天赋不算高，靠的是勤学苦练求长进。上海艺师毕业时，写封求职信还文理不很通顺，有错别字。丰老师看后劝我多读书迎头赶上。于是发愤苦读，先把一本学生字典通读背熟，然后博览群书，一年之后能写歌词；再后，新诗集《水晶座》、散文集《素描》陆续出版。常年艰辛自学的个中滋味，只有自己深切感受。推及书画篆刻，无一不是以脑汁和汗水换取点滴进步，从来没有一蹴而就的好运气。

"四人帮"垮台后，云开雾散。在落实政策中被抄文物半数得发还，还有部分精品说是有待寻找，其实已渺茫不可追寻。我想到这些劫后余生的文物，今后怎样保存和应用。我夫人和儿辈一致赞同全部捐献给国家。经过沟通，桐乡县果断在梧桐镇建立君匋艺术院，聘我担任院长，收藏捐赠的文物。君匋艺术院将办成文物收藏库、艺术研究馆、讲学传授院，这很合我心意。几十年来的藏品，终究有了妥善的归宿。

我担任过几届上海市政协委员，上海市文联委员、中国美协上海分会常务理事、中国书协上海分会名誉理事、上海市出版工作者协会理事、中国音协会员、华东师范大学艺术系教授、杭州西泠印社副社长。1956年参加民盟，1979年10月被聘为上海市文史馆馆员。20世纪80年代以来，我在北京、上海、香港、日本、新加坡等地举行过个人作品展，出版了《钱君匋论艺》、《钱君匋作品集》、《君匋印选》、《中国玺印漂流》、《钱君匋篆刻选》、《钱君匋印存》、《长征印谱》、《鲁迅印谱》、《鲁迅笔名印谱》、《茅盾印谱》、《钱君匋刻长跋巨印选》、《钱君匋精品印选》、《春梦痕》、《恋歌三十七首》、《冰壶韵墨》、《钱君匋书画选》、《君匋书籍装帧艺术选》、《钱君匋装帧艺术》、《君匋艺术院藏印集》、《瓦当汇编》及《书衣集》等。从艺70多年来的经历和成就，承师友同好盛情，写下许多篇章介绍，甚至日本朋友为我写了传略。这些文章叙述我的长处是很详尽的，大都选刊在君匋艺术院丛书之四——《钱君匋的艺术世界》中。

我有三个儿子：大绪、正绪和茂绪，都在美国。1987年夏，我偕

夫人应邀到美国华盛顿大学、斯坦福大学讲学，顺道探亲访友，游览西雅图、旧金山及加拿大的温哥华几个城市。有幸得到著名眼科专家麦根推尔大夫为我手术，摘除了双目白内障。麦大夫钦慕中华传统艺术，愿结友谊，免收一切费用，只受我创作的国画一幅留念。

记得我在23岁时发表过一首白话短诗：

> 我不想在你眼前瞒过，
> 颤动的爱的心。
> 倘这枝青葱的爱苗没有秋霜似的意外的打击，
> 也没有冬雪似的不测的摧残，
> 它将茂密成荫，
> 庇护着整个的你而永勿凋谢。
> 青春将在你的笑涡里打滚，
> 也永无衰老之日。

今年我87岁，精神饱满，生活有规律，每天作书作画笔耕不止，刻刀下还想求寸进。感觉艺术青春常在，"永无衰老之日"。前不久我还写过两首诗：

> 沐雨披风七十年，一番耕作一重天。
> 翠晴倍觉澄秋艳，敢为浮名偶歇肩？

> 从艺春深思渺然，时亲笔砚得天年。
> 冲开旧我成新法，那计时人笑我癫。
> 表露了我不甘现状，再攀艺术高峰的气概。

（原载《上海市文史研究馆馆员传略〔四〕》1993年10月内部出版）

后　记

19 98年8月，钱君匋先生仙逝后，应李辉兄之约写过一册钱君匋先生的图文传记小册子，由河南大象出版社出版的，在当时的写作过程中，我集中阅读了钱君匋先生的散文、书法、绘画、篆刻等作品，同时也读了不少评论介绍钱君匋先生的文章。小册子写完了，但钱君匋先生的形象，他的思想，他的艺术理念，他的人品，依然停留在我的脑海里，久久没有褪去。所以这两年我在业余时间又重新研读钱君匋先生的作品和对钱先生的回忆文字和评论文章，在研读过程中，一种进一步撰写钱先生传奇一生、把钱先生平凡而又不平凡的一生写出来的愿望越来越强烈。于是，我又利用业余的时间，开手写钱君匋先生的一生。这就是写这

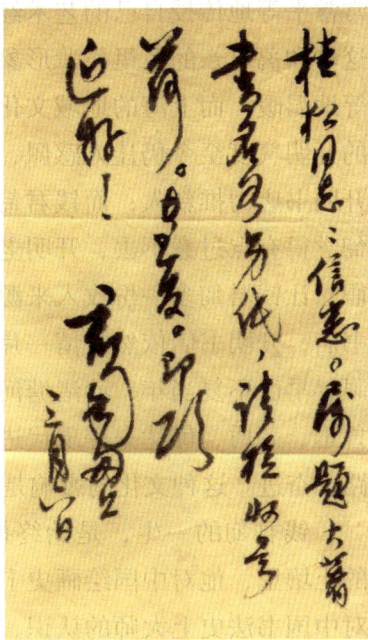

部书的动因。

钱君匋先生一生与中国20世纪整个时代的发展分不开的，这个多灾多难的20世纪里，造就了钱先生追求——百折不挠，奋斗——自强不息的倔强个性。他这种与生俱来的个性，让他在艺术天地里成为勇攀高峰的内生动力，他写书法，心摹手追直追明清前人，他学篆刻，一定要在中国篆刻史上有一席之地，他办出版，从一个小作坊式的机构，硬是将它办成国家级水平的专业出版社。看看当年万叶书店出版的琳琅满目的音乐作品，可以发现钱君匋当年的大气和雄心，他的目标是国家水平、国际水平，现在回过头来看看，钱君匋一生的成功与他的追求卓越的倔强个性分不开的。其实，时代是一个方面，地域文化也是钱君匋成大器的因素之一，他的故里虽然地方不大，但在钱君匋幼年受到熏陶的那种氛围却是开放和不俗的，小镇与大时代同呼吸，钱家虽是普通人家，但一点都不封闭，反而喜欢做些开风气之先的事，办邮政，开餐馆，在小镇上也算是大事业了，而几位书画家前辈如徐菊庵、孙增禄等以发现钱君匋青少年时代那种艺术天赋为乐，常常平等地传授自己的艺术经验，探讨培养钱君匋艺术发展的路子，这种和蔼可亲的乡里长辈形象，可以想见少年钱君匋的内心感受是何等地温暖！而上海的地域文化更让钱君匋有机会造就自己，开明书店的开明气度至今仍让人感佩，钱君匋初出茅庐，封面创作一鸣惊人，开明书店力推新人；而钱君匋在外兼职，开明的业务顾及少了，钱君匋觉得有点过意不去，开明老板却十分大度而真诚地劝钱君匋不要辞职，让钱君匋多一份收入来源，后来抗日战争期间，钱君匋创办万叶书店，开明书店依然友情一片。钱君匋在上海都市文化的熏陶之下，眼界早已不复当年，沙渚塘河与黄浦江，格式大不一样了。钱君匋在鲁迅、茅盾、郁达夫等现代进步名人的提携下，在通往大艺术家的道路上奋进。这种文化的影响是不言而喻的。

钱君匋的一生，是始终把自己的艺术的根深深地扎在中国文化的土壤里，他对中国绘画史上大师的了解，对篆刻史上大家的研究，对中国书法史上大师的认识，并不是到教科书上看看，浮光掠影地从中吸取点营养；而是追根溯源，从源流上打通古今，而且从大师的原作上去吸取前人作品中的精气神，从前人大师的生活、作品、经历里反复体味他们的艺术魅力，这样的学问，坚实到了古今相通，左右相连，委实为钱君匋成一代大师打下了一个好基础。自然，这样的好基础让钱君匋在艺术的各个门类中都能有所作为。同时，这样的艺术历练和经历，同样也奠定了钱君匋作为收藏大家的地位，与一般的收藏大家不同，钱君匋是想直接感受前人艺术气息而收藏的，他自己在多次场合讲到艺术上的"气"的问题，同样他也在感受前人大师的气息，从中悟到创作的真谛。因此我们在钱君匋先生百年之后，更能感受到他一生追求中的独特之处。

随着时间的推移，我们一次次地走进位于桐乡县城的君匋艺术院时，更能深刻地体会钱先生当年文章中讲过的一句话，他说，"每一位伟大的人物，和我们在同一空间呼吸的时刻，未必能理解他的价值；等到他一朝谢世，时间造成了历史的距离，后辈才能看出他的精光异彩。"他还说："伟大，不是指地位、财产、浮名，而是指人品和贡献。"钱君匋先生说得真好！现在无论在桐乡运河边上还是在海宁西山脚下，这样的感觉越来越明显，钱君匋是伟大的。记得在他与我们在同一个空间呼吸时，我们对他的认识，今天想起来有些汗颜，没有感觉到他的伟大，有时连"大师"都觉得开不出口。当时我曾供职过的单位为钱君匋先生拍过一个纪录片，我让钱先生为片名题字，当时有好几个片名，包括大师什么的，我觉得让钱先生本人写《大师钱君匋》有点不好意思，最后我拟定《百年君匋》的片名，钱先生很快题好寄来了，这说明我们认识钱君匋的人品、贡献和成就，思想不够解放的，认识不够到位的，视野不够开阔的。

自然，世俗里的钱君匋同样是世俗的，他不愿作无谓浪费，包括时间、金钱有时也斤斤计较，但是，当他下决心将自己一生的收藏裸捐给故里时，他毫不犹豫。我常常想，当初钱先生作裸捐决定时的一刹那，是什么力量促使他下如此大气磅礴的决心？这时的钱君匋，在我看来，已经从世俗里脱胎出来了，已是一个大气磅礴的

艺术大师了。

　　我尽管写完了这部书，但对钱君匋先生的理解认识，还远远不够，他还有许多作品还尘封在这个世界上的角角落落，他的许多成就的梳理，还没有形成系统，他的许多最能体现他个人化的书信，至今还没有搜集起来，他的作品全集还没有放上议事日程。所以，我这部小书只能是在研究钱君匋过程中的一个小小的成果，印出来，期待着更多的人去研究钱君匋，相信钱君匋这样的艺术大师，三百年、五百年后仍然是学界艺术界的一个研究课题。在写这个书稿过程中，得到桐乡君匋艺术院的大力支持和帮助，提供照片和图片；老友鲍复兴先生还帮助审阅，提出很好的修改意见；桐乡李渭钫先生还将自己拍摄的许多珍贵照片提供使用；钱君匋先生的儿子钱大绪先生在审阅初稿后，还专门到桐乡与我面谈两个小时，介绍他父亲钱君匋先生的许多往事和他们钱家的情况，让我十分感动！浙江大学出版社的朋友傅强、徐有智先生不断鼓励并慨然给予出版，让这部钱君匋传记及时面世。所有这些鼓励支持和帮助，让我深深感动的同时也向他们表示深深的谢意！

　　又一个阳光明媚的春天来了，相信历来看重文化的钱君匋先生的故里，对钱君匋先生的怀念永远是像春天一样，融融的，暖暖的。

2012 年 2 月